Nicht Influencer, sondern Provider!

Textsammlung eines zeitgeistkritischen Meinungsanbieters

Dennis Riehle

Inhaltsverzeichnis

Lieber Leser,

im 21. Jahrhundert haben sich die Sozialen Medien zu einem wichtigen Standbein entwickelt, um sich über die bisher üblichen Kanäle wie Rundfunk und Fernsehen, Zeitungen, Bücher und Internet hinaus mit Hintergründen, Meinungen und Nachrichten eindecken zu können. Nicht überall geht es dort sozialisiert zu. Oftmals finden sich plumpe Aussprüche, bloße Beleidigungen oder schlichte Behauptungen, bei denen man kaum noch unterscheiden kann, inwieweit sie glaubwürdig oder lediglich subjektiver Emotionsausdruck sind. Doch gerade, weil viele von uns nicht zu Unrecht manche Medien und Presseorgane wegen zunehmender Distanzlosigkeit kritisieren, ist es zwingender denn je, dass wir auch dort auf seriöse Ausreißer bauen können, wo für viele Menschen dieser Tage die wesentliche Bezugsquelle für Informationen liegt. Dass wir also auch auf den Portalen der digitalen Vernetzung auf Beiträge zurückgreifen können, die sich um eine Bereicherung der Debattenkultur bemühen.

Dies ist auch mein Anspruch als Journalist und Autor, der sich vornehmlich auf der Plattform "Twitter" (heute: "X") unter dem Benutzernamen @riehle_dennis tummelt. Mittlerweile hat man nicht selten den Eindruck, als wolle man uns allerorten aufklären, bevormunden und belehren. Das ist nicht mein Verständnis von der Schreiberei. Ich fühle mich noch immer den Publizistischen Grundsätzen von Sachlichkeit, Unabhängigkeit und Unvoreingenommenheit verpflichtet.

Das bedeutet gleichsam aber keinesfalls, dass ich nicht auch eine eigene Auffassung und Position habe, die ich gerne zugespitzt, sarkastisch und provozierend zu Papier bringe. Doch bei alledem sind mir gewisse Standards und Prinzipien wichtig. Und auch die Tatsache, dass gewisse Grenzen nicht überschritten werden sollten. Ich möchte niemanden in seiner Weltanschauung beeinflussen. Deshalb verstehe ich mich auch nicht als Influencer. Sondern als ein Anbieter von anderen Perspektiven, von klaren Aussagen und wortgewaltigen Bekenntnissen.

Mit Rückgrat und Standhaftigkeit bin ich also vielleicht ein "Provider", der mit differenzierten und reflektierten Blickwinkeln versorgt - und sich so wenig wie möglich von zeitgeistigen Entwicklungen vereinnahmen und sich zum Fähnchen im Wind degradieren lässt, sondern seinen Kurs der Unbeirrbarkeit auch gegen manchen Strom in der persönlichen Überzeugung der Geradlinigkeit fortsetzt.

Nachdem mir immer wieder attestiert wurde, dass ich möglicherweise ein gewisses Talent aufbringe, mit meinen Texten das auszusprechen, was andere Kollegen vielleicht nicht zu sagen wagen, nicht artikulieren wollen oder nicht formulieren sollen, wurde ich ermutigt, einige meiner Beiträge in einem Buch zusammenzufassen, das als eine Sammlung von Sichtweisen zu verstehen ist, die man sich durchlesen, sich an ihnen orientieren, sich an ihnen stoßen und reiben, als Argumentationsgrundlage nutzen, sie verwerfen oder sie prüfen kann. Nichts muss, alles kann. Ich stelle sie zur Verfügung, um damit einen Anstoß für souveräne Bewusstseinsbildung zu geben.

Und als Gelegenheit, im Anschluss darüber
mit mir ins Gespräch zu kommen.

Schreiben Sie mir also gern eine Mail:
Riehle@Riehle-Dennis.de.

Jetzt wünsche ich Ihnen eine anregende,
vielleicht bereichernde, manchmal
stutzende, ab und zu zustimmende und
hoffentlich nicht langweilende oder gar
angebiederte Lektüre meiner Worte, die
vornehmlich aus dem Zeitraum 2023 und
2024 stammen.

Herzliche Grüße

Ihr Dennis Riehle

Die aktuelle Bundesregierung ist als Fortschritts-Koalition gestartet und als Bettvorleger vor den Augen der Bevölkerung gelandet. Denn letztlich hat sich bewiesen, dass die ideologischen Gegensätze der einzelnen Lager - insbesondere zwischen FDP und Grünen - unüberwindbar scheinen und eine konstruktive, lösungsorientierte Zusammenarbeit kaum möglich machen. Zwar hat man sich vor allem in einzelnen gesellschaftspolitischen Fragen auf eine progressive Veränderung verständigen können. Doch bereits am Gebäudeenergiegesetz einerseits und dem Chancenwachstumsgesetz beziehungsweise der Kindergrundsicherung andererseits offenbart sich das diametrale Auseinanderklaffen der Weltanschauungen.

Letztlich scheitert es nicht nur an der mangelnden Kommunikation des Bundeskanzlers und den immer wieder auf offener Bühne ausgetragenen Streitigkeiten zwischen einzelnen Ministern und

Parteifunktionären. Stattdessen werden bereits in den Gesetzgebungsverfahren handwerkliche Fehler gemacht, die derart offensichtlich sind, dass sie in der weiteren Diskussion zwangsläufig zu einer Polarisierung führen müssen. Während es beim Heizungsgesetz unüberwindbare verfassungsrechtliche Hürden gibt, die auch mit der neuen Version des Textes und nach Beratung des Bundestages nicht ausgeräumt sind, liegt es dagegen vor allem bei den Liberalen an stetiger Verweigerungshaltung zu verantwortungsvoller Sozialpolitik, die die breite Bürgerschaft auf Distanz setzt. Der Griff in die retrolibertäre Mottenkiste überzeugt die Masse nicht.

Dass Gesetze heute nicht mehr zu Ende gedacht werden und radikale Visionen statt vernunftorientiertem Pragmatismus die Leitsätze von Politik sind, muss den Souverän durchaus nachdenklich machen. Auch zeigt sich nicht zuletzt an den erst kürzlich bekannt geworden neuesten Umfragen zu den Prioritäten der Menschen, dass die beliebten politischen Schwerpunktthemen der Grünen - wie Klimaschutz oder Emanzipation - auf den

Rängen weit nach hinten gerutscht sind. Dagegen bewegt eine große Mehrheit die wirtschaftliche Lage, die Migration, außenpolitische Entwicklungen und das Morgen in der Gesundheitsversorgung. Doch es fehlt der Berliner Bubble an entsprechenden Sensoren, diese Rangfolge auch wahrzunehmen und danach zu handeln.

Dass man sich bei der Legalisierung von Cannabis ebenso verständigt hat wie bei einem Selbstbestimmungsgesetz, offenbart die völlige Entfremdung der politischen Elite im Regierungsviertel von den tatsächlichen Sorgen und Nöten der Menschen. Denn der kleine Mann ist derzeit damit beschäftigt, wie er die Miete bis zum Ende des Monats aufbringen soll, was er sich an Lebensmitteln leisten kann, wie hoch die Inflation noch steigen wird, ob der Krieg aus der Ukraine nach Europa überschwappt oder wie der Sozialstaat mit der ungeregelten Zuwanderung von Schutzsuchenden umgehen soll. Dass die "Ampel" Ergebnisse nur dort vorzuweisen hat, wo die Beteiligten der kleinste gemeinsamen Nenner verbindet, muss zu der Schlussfolgerung kommen lassen, dass das Experiment eines das liberal-bürgerliche hin zum ökologisch-sozialen Spektrum überschreitenden Bündnisses gescheitert ist - und nicht nur thematisch, sondern auch personell an den Vorstellungen der einfache Bürger vorbeigeht.

Gehen die Freien Demokraten noch von einem Menschenbild aus, das dem Einzelnen die größtmögliche individuelle Entfaltungsmöglichkeit zugesteht und ihn nicht durch unnötige Überregulierung, Verbote oder den erhobenen Zeigefinger maßregelt, gehört es in der Philosophie der Grünen mittlerweile zum guten Ton, Moralapostel zu spielen und eine Utopie der Zukunft auch als internationaler Geisterfahrer durchzusetzen.

Gleichsam zeigt sich auch Lindner mit seiner Schuldenpolitik in der Welt in einer Sackgasse. Und bei all dieser typisch deutschen Besserwisserei bleiben die Bedürfnisse der Gemeinschaft auf der Strecke, die Grenzen des Machbaren werden überschritten.

Innovation, Verstand und Problembewältigungsorientierung stoßen auf Destruktivismus, Bevormundung und Aufgeregtheit. Völlig unterschiedliche Charaktere und Mentalitäten kollidieren miteinander, während ein unbeteiligt wirkender Bundeskanzler sich in die Traumwelt der Blühenden Landschaften 2.0 versteigt. Schlussendlich herrscht ein Zustand angezogener Bremsen statt voller Fahrt voraus.

In Zeiten tiefer Verunsicherung bemerkt man den Wegbruch des grundständigen Vertrauens unserer Gesellschaft in die Fügung der Welt in besonders ausgeprägtem Maße. Es fehlt angesichts der Krisen und Herausforderungen an Zuversicht und Perspektive - und zugleich an etwas mehr Resilienz und Unaufgeregtheit. Gerade die apokalyptischen Szenarien vor einem Kipppunkt in Sachen Klimawandel sind unverhältnismäßig und Ausdruck von einer Orientierungslosigkeit gerade der jüngeren Generation, der es an Halt und Sinnhaftigkeit fehlt. Wir alle sind unter den gegebenen Umständen zur Schöpfungsbewahrung angehalten. Unsere Zivilisation hat vor allem im industriellen Zeitalter eine Ausbeutung der Ressourcen betrieben, die zu immensen Schäden geführt hat. Dieses Verhalten ist nicht zu entschuldigen, weshalb es nun umso mehr Anstrengungen für einen verantwortungsvollen Umgang mit der Umwelt bedarf.

Gleichzeitig bedeutet dies aber nicht, dass wir eine ideologische Instrumentalisierung zulassen dürfen, die voreilig zu Bevormundung und Verboten führt.

In der Kommunikation der Aktivisten geht es mittlerweile vor allem darum, einzelne plakative Wetterereignisse für eine Propaganda der Erderhitzung zweckzuentfremden, die weder in ihrer Singularität, noch bei einer Aneinanderreihung und wissenschaftlichen Konklusion zu einem Trend entsprechend geeignet sind, Ursachen und Kausalitäten abschließend zu klären.

Die alleinige Fokussierung auf die CO_2-Hypothese und die damit verbundene Zuweisung von ausschließlich anthropogener Verantwortung soll Panik schüren. Doch gerade sie benötigen wir in der momentanen Dekade nicht. Wir sollten vielmehr zur Kenntnis nehmen, dass ein multifaktorielles Geschehen immer wieder zu dramatischen Veränderungen der Bedingungen auf der Erde beigetragen hat, auf die der Mensch eben keinen entsprechenden Einfluss nahm.

Wer nun Hysterie dazu missbraucht, eine Veränderung des Denkens und Verhaltens in Politik, Wirtschaft und Gesellschaft erzwingen zu wollen, muss sich den Vorwurf von Eigennutz und Feindlichkeit gegenüber dem repräsentativen System gefallen lassen.

Immerhin ist der Weg, den augenblicklich die auf die Straße gehende und sich klebende Bewegung verfolgt, nicht durch den Mehrheitswillen der Bürger gedeckt. Diese setzen auf andere Prioritäten und wünschen sich vor allem eine Anpassung an die Gegebenheiten. Ein oligarchischer Eingriff in die Freiheitsrechte ruft erwartbar Widerstand hervor und trägt zu einer sozialen Spaltung bei.

Dass wir uns in unserem transhumanistischen Denken anmaßen, Natur und Evolution bekämpfen zu können, erweckt in uns falsche Hoffnungen und Ansprüche. Stattdessen sollten wir mehr in die Konvergenz investieren und Akklimatisierung betreiben, denn die Eigenheit und Anomalie unseres Globus und seiner Atmosphäre können wir nicht mit der Brechstange verbiegen.

Wer mit Vernunft und Weitsicht agiert, fragt sich im Augenblick, weshalb der sich seit Milliarden Jahren immer wieder durch Selbstregulierung in Takt bringende Planet ausgerechnet jetzt untergehen soll. Der Zweifel an einem guten Ende mag zwar gerade unserem deutschen Naturell entsprechen, er ist aber kognitiv nur schwer nachvollziehbar. Vielleicht sollten wir einen Blick über die Grenzen werfen und uns Widerstandskraft abschauen.

Nicht nur Gläubige sind in dieser Phase der Geschichte ermutigt, den Fortbestand unserer Spezies nicht in Zweifel zu ziehen. Wünschenswert wäre eine Lösungsorientierung, die uns nicht in einer destruktiven Starre aus Angst und Furcht verharren lässt. Wir haben durch unsere Forschung und Erkenntnis, Innovation und Technologie zahlreiche Möglichkeiten, uns auf steigende Temperaturen und die mit ihnen einhergehenden Folgen vorbereiten und lenkend eingreifen zu können. Ob nun besseres Wassermanagement, Brandbekämpfung, Hitzeschutz, Geoengineering oder Gesundheitsförderung:

Hilflos sind wir bei etwas mehr Überzeugung an unsere Selbstwirksamkeit nicht. Dass wir schrecklichen Mutmaßungen über das Morgen in unseren Köpfen und Herzen so viel Platz lassen, dürfte sicherlich auch mit dem Umstand begründet sein, dass viele unter uns seit Jahrzehnten in Wohlstand und Frieden leben - und sich deshalb nicht mit der Gewissheit anfreunden können, dass eine derartige Kontinuität nicht dem Lauf der Dinge entspricht. Hiervor Respekt zu haben und Gelassenheit zu üben, scheint die größte Aufgabe unserer Gemeinschaft, die mehr erfordert als Nervosität und Phobie.

Wir hätten deutlich weniger Probleme mit der Abschiebung, wenn wir nicht Menschen in unser Land lassen würden, die von Beginn an keine Bleibeperspektive haben. Deshalb muss es rasch zu einer Umsetzung der Beschlüsse der EU-Innenminister kommen. Eine Vorabüberprüfung, inwieweit überhaupt Chancen auf einen Asylstatus und Schutzberechtigtenanspruch des Einzelnen bestehen, sollten an den Außengrenzen - besser aber noch in den Heimatregionen - stattfinden. Denn es ist durchaus mit der Verfassung vereinbar, dass entsprechende Verfahren bereits dort durchgeführt werden. Entgegen vielfacher anderslautender Beteuerungen genügt es eben nicht, dass ein Schutzsuchender an der Grenze zu Deutschland lediglich Recht auf Asyl begehrt, um einen legalen Grenzübertritt zu erhalten. Eine #Einreisegestattung ist lediglich bei einer klar erkennbaren Vorrangigen Dublin-Zuständigkeit zu erteilen.

Diese liegt beispielsweise vor, wenn mangels unzureichender Registrierung nicht ermittelt werden kann, welches das erste Land in der Europäischen Union war, das der Flüchtling betreten hat. Die Auslegung von § 55 AsylG, welche derzeit regelhaft eine andere Praxis vorsieht und den Zutritt auf europäisches beziehungsweise deutsches Territorium für einen Aufenthalt während dieses Prozesses der Klärung erlaubt, scheint gerade mit Art. 20 Abs. 4 Dublin-III-Verordnung nicht vereinbar. Zudem wäre die Regelung im deutschen Asylgesetz durch eine einfachgesetzliche Entscheidung der Legislative grundgesetzkonform anpassbar.

Auch sind Maßnahmen der Abweisung zulässig, wenn sie entsprechende menschenrechtliche Grundsätze einhalten. Dies gilt insbesondere auch auf hoher See im Mittelmeer. Es ist mitnichten so, dass eine Rückführung aus internationalen Gebietsabschnitten in den Herkunftshafen unzulässig wäre. Stattdessen sieht das Seevölkerrecht gerade nicht vor, dass mit einem Verlassen von Territorialgewässern die zwingende Aufnahme in eine europäische Destination verbunden ist.

Eine Migrationspolitik der offenen Arme gegenüber allen - die beispielsweise auch durch private Seenotrettung weiterhin Anreize für fluchtwillige Menschen bietet, welche keinen anerkannten Grund auf Asyl vorweisen können - ist nicht nur unfair und inhuman. Sie raubt viel eher Kapazitäten und Ressourcen, um sich letztlich um diejenigen zu kümmern, die tatsächlich vor Verfolgung fliehen - und nicht allein dem nachvollziehbaren, aber eben nicht schutzwürdigen Wunsch nach einem besseren Leben nacheifern.

Darüber hinaus muss sich die Vernunft der Mehrheitsgesellschaft gegen die grüne Wokeness durchsetzen, wonach es eben nicht erstrebenswert ist, das Land mit einem kulturellen Flooding zu konfrontieren, welches am Ende den sozialen Zusammenhalt gefährdet, Strukturen überfordert und gesellschaftliche wie politische Feindseligkeit fördert. Personen, die in der Bundesrepublik Schutz suchen, aber gleichzeitig für diejenige Diktatur und Ideologie auf unsere Straßen protestieren, vor denen sie angeblich zu fliehen genötigt wurden, haben Aufenthaltstitel verwirkt.

Wir müssen sie bereits vor ihrem Eintreffen bei uns eine mögliche Radikalität abklopfen. Allein um einer funktionierenden Integration derjenigen willen, die sich bereit erklären, Respekt und Toleranz vor unserer Staatsform, unserem freiheitlichen Denken und unseren Werten und Wurzeln zu praktizieren, braucht es die Rote Karte gegenüber Asylmissbrauch. Wohin der Zustand einer faktischen Gesetzlosigkeit mit Blick auf die Migrationspolitik führt, erleben wir spätestens seit 2015.

Barmherzigkeit, Humanität und Menschlichkeit bedeuten eben nicht, alle bei uns aufzunehmen. Stattdessen müssen die Ressourcen, Kapazitäten und die gesellschaftliche Akzeptanz für diejenigen bewahrt werden, die einen tatsächlichen Anspruch auf Asyl haben, weil sie durch staatliche Repression in ihrem eigenen Land schutzbedürftig geworden sind. Ohne Regeln fördern wir dagegen bei uns eine Gesellschaft, deren Demokratie und Kultur erodieren, sozialer Zusammenhalt zerbricht und Sicherheit preisgegeben wird. Kurzsichtigkeit ist schlussendlich das Gegenteil von Nachhaltigkeit.

Alternative für Deutschland: Cancel Culture, Diffamierung und Boykottaufrufe sind ein Offenbarungseid linker Ideologie!

So, wie ich beim Kennenlernen von einem neuen Freund nicht zuerst nach der weltanschaulichen Einstellung frage, erbitte ich im Supermarkt von der vor mir stehenden „Müller-Milch" auch kein politisches Bekenntnis. Die Anmaßung zur Moralisierung in Deutschland hat mittlerweile ein unerträgliches Maß erreicht.

Schlussendlich sind all die Boykott-Aufrufe und die Versuche der Diffamierung nichts anderes als die hilflose Suche von so mancher Bevölkerungskohorte nach einem Ventil, über das die eigene Unzufriedenheit und der fehlende Sinn in ihrem Leben kanalisiert werden kann.

Die Doppelmoral der mit dem erhobenen Zeigefinger auf die Demokratie verweisenden Besserwisser ist durchschaubar: Mit einem Merkmal unserer Grundordnung können sie relativ wenig anfangen.

Die Meinungsfreiheit gilt nur solange, wie die politische Korrektheit der über das Richtigsein wachenden Grundgesetzhüter innerhalb und außerhalb des Bundesamtes es erlaubt.

Den Unterschied zwischen Verfassungsfeindlichkeit und Rechtskonservativismus (der von Haldenwang und Kollegen zum Extremismus erklärt wurde) kennen die selbsternannten Weltpolizisten allerdings nicht.

Und auch der Respekt vor dem Souverän in einer Volksherrschaft - der eben dem Namen nach schon selbstverständlich sein sollte - ist ihnen komplett verloren gegangen. Stattdessen erinnern die Brandmarkungen von Menschen an die dunkelsten Zeiten unserer Geschichte.

Dass sich damit vor allem Linksgrüne derjenigen Instrumente bedienen, vor denen sie vorgeben, warnen zu wollen, ist ein weiterer Widerspruch in der "Ich mach mir die Welt, wie sie mir gefällt"-Mentalität der oligarchischen Traumtänzer.

Ihr Ansinnen des Erodierens des
repräsentativen Systems hin zu einer
plangesellschaftlichen Minderheitendiktatur
dürfte zumindest solange nicht aufgehen,
wie das Unternehmen von Theo Müller den
Anfeindungen standhaft entgegenhält.

Dass die sogenannten "etablierten Parteien"
mit ihrem Gebaren einer Brandmauer
ebenso wenig überzeugen konnten wie mit
dem Versuch von Haldenwang und der
Landesämter, die AfD durch den
Verfassungsschutz brandmarken zu lassen,
zeugt insbesondere von einer gestiegenen
Souveränität und Mündigkeit der Bürger, die
sich nicht mehr beeindrucken lassen von
Etiketten wie "rechtsextremistisch" oder
"verfassungsfeindlich".

Stattdessen machen sie sich ihr eigenes Bild
und verfangen auch nicht im Netz, wenn
Merz, Linnemann oder Wüst mit markigen
und populistischen Forderungen versuchen,
im Becken der Wähler und Unterstützer der
Alternative für Deutschland zu angeln. Denn
es fehlt bisher nicht nur der Ampel, sondern
auch der größten Oppositionspartei, an
einem über einzelne wortgewaltige

Ankündigungen von Tannenbaum-Leitkultur
über Heizungsgesetzrücknahme bis zu Kein-
Bürgergeld-für-Ukraine-Kriegsverweigerer
hinausgehenden substanziellen und
überzeugenden Konzept für die Zukunft, das
sich in eklatanter Weise von dem abhebt,
was derzeit SPD, Grüne und FDP diesem
Land antun.

Und da ist das Misstrauen natürlich auch
gegenüber der Union noch immer groß.
Denn sie war es, die spätestens 2015 mit
ihrer Migrationspolitik Schleusen geöffnet
hat, die sich nun auch durch einen
hyperaktiv wirkenden Jens Spahn oder einen
Verbotsforderer Bosbach nicht mehr
schließen lassen. Stattdessen sind gerade die
Rufe nach einem juristischen Vorgehen
gegen die AfD mehr als geeignet, ihr zu noch
mehr Unterstützern und Sympathisanten zu
verhelfen.

Statt sich inhaltlich und argumentativ mit
ihren Positionen auseinanderzusetzen,
eigene, selbstständige und unabhängige
Antworten zu liefern und manche
Unpraktikabilität ihrer Visionen zu entlarven,
will man es sich einfach machen und die

Partei untersagen - wie es schon mit der NPD nicht geklappt hat. Das ständige Hinterherrennen und bloße Reagieren auf die Verlautbarungen der Alternative für Deutschland offenbart die programmatische Schwäche der Etablierten. Deshalb wäre anzuraten, sich weniger mit dem "Kampf" gegen sie zu beschäftigen - und dabei nicht zu vergessen, dass nicht die Abgrenzung zum politischen Konkurrenten punktet, sondern eigene Integrität, Rückgrat und Glaubwürdigkeit.

Der Erziehungsstil der Eltern der "Generation Z" entspringt einer 68er-Manier!

Die Grundeinstellung vieler junger Menschen der sogenannten "Generation Z" beruht auf einer Spät-68er-Laissez-Faire-Erziehung durch gutmütige Eltern, die ihren Kindern das Beste wollen - und sie am Schluss zu alltagsunfähigen Wesen machen, denen sowohl Motivation, Orientierung aber auch klare Ansagen fehlen. Überbehütung bis weit über die Volljährigkeit hinaus verhindern jegliche Eigenverantwortlichkeit und Leistungswillen.

Denn wer täglich bis vor die Schultüre chauffiert, bei einem Schnupfen wie ein Schwerstkranker gepampert und dem im Zweifel das Essen bis ans Bett getragen wird, genießt die Vollpension ohne jegliches Bewusstsein für die eigene Rolle in der Gesellschaft. Rebellion und Widerstand gegen Normen und Konventionen wie eine 38-Stunden-Woche, eine Regelstudienzeit oder angemessene Gehaltsforderungen sind auch deshalb en vogue, weil sich das unter Personalnot leidende Deutschland von einer aufsässigen und diktierenden Alterskohorte erpressen lassen kann. Dennoch könnte der Staat eingreifen, unternimmt allerdings aus einem falsch verstandenen Liberalismus zu wenig, um diesem massiven Versagen von Müttern und Vätern einerseits, von der Politik als Rahmengeber andererseits, mit Konsequenz entgegenzuwirken - und sich nicht auf der Nase herumtanzen zulassen.

Jämmerlichkeit, Bequemlichkeit und Sesshaftigkeit sind keine modernen Tugenden, sondern Ausdruck einer zeitgeistigen Dekadenz. Wir tun keinem Menschen etwas Gutes, wenn wir ihm jeden Wunsch von den Lippen ablesen, von sämtlichen Problemen und Herausforderungen fernhalten, eine Konfrontation mit dem wahren Leben verhindern.

Ich stelle nicht prinzipiell das Bürgergeld in Frage, allerdings weist es erhebliche Defizite auf - und bietet daher kaum noch Ansporn für eigenes Bemühen und Anstrengung. Die Jobcenter nutzen die durch das Bundesverfassungsgericht gegebenen Möglichkeiten der Sanktionierung bisher nur unzureichend aus. Gleichsam weigert sich die Ampel strikt dagegen, Webfehler in ihrer Reform der Grundsicherung für Arbeitsuchende zu beheben.

Vor allem sind dies die massiven Zusatzleistungen und Mehrbedarfe, die über die an sich gesetzeskonforme Regelleistung hinaus ein Dasein ermöglichen, welches nicht mehr zur Arbeitsaufnahme animiert. Allerdings muss sich eine Nation auch nicht über die infantilen Eskapaden solcher mit ihrem Dasein überforderter Heranwachsender wundern, deren Exekutive und Justiz auf Nötigungen von Klimaklebern, Denkmalzerstörern und Kartoffelbreiwerfern keine adäquaten Antworten geben können.

Wenn wir uns dieser Tage mit ansehen müssen, dass Mitglieder des Bundestages in spätpubertären Videos ihre Wokeness zur Schau tragen, sagt das viel über den Zustand einer bis zur Anarchie weichgespülten Toleranz aus, die die freiheitlich-demokratische Grundordnung ad absurdum führt. Aus einer falsch verstandenen Rücksichtnahme auf die Befindlichkeiten einer Bewegung aus desillusionierten

Influencern und sich vor der Speisekarte im Restaurant ängstigenden Utopisten, haben wir Trotzigkeit ermöglicht - und müssen uns nun die Welt von queergeistigen Selbstfindungsverweigern erklären lassen. Daher braucht es deutliche Ansagen der Mehrheit in diesem Land, von den Boomern und Lebenserfahrenen ohne Allüren aus der Revoluzzer-Zeit, aber vor allem auch von denjenigen Parteien, die sich nicht der linksgrünen Leitkultur des auf Händen Tragens unseres Nachwuchses verschrieben haben.

Nicht nur, dass die überwiegende Mehrheit der Bevölkerung das Gendern ablehnt. Viel eher braucht es in einer Demokratie für jedwede Maßnahme eine entsprechende Abwägung von Interessen. Hierbei überwiegt für mich das eindeutige Argument der Verkomplizierung unserer Sprache durch die Anwendung von Sternchen, Doppelpunkten und Binnen-I, welche nicht nur zu einem erheblichen Unterbruch von Lese- und Sprechfluss führt.

Viel eher wird das Verständnis von Texten derart erschwert, dass gerade Menschen, die ohnehin Schwierigkeiten mit dem Nachvollziehen von Sachinhalten, der deutschen Grammatik und Rechtschreibung haben, massiv in ihrer Teilhabe beschränkt werden. Die Anwendung der geschlechtersensiblen Sprache ist somit ein ernsthaftes Hemmnis für die Inklusion.

Diese Auswirkung ist weitaus schwerwiegender als der Anspruch manch empfindsamer und gefühlsbetonter

Feministen und Queeristen, die sich durch das jahrhundertealte generische Maskulinum nicht mehr ausreichend angesprochen und ernstgenommen fühlen. Auch die Vorhaltung, Studienergebnisse hätten ergeben, dass mehr Vielfalt im Formulieren auch zu mehr Toleranz im Denken führt, ist nicht derart konsistent, als dass sie die Einwände gegen die Verramschung des Deutschen in irgendeiner Weise entkräftigen könnte.

Wer sich mit der bisher gängigen sexusindifferenten Anwendung von bestimmten Substantiven und Pronomen nicht einverstanden fühlt, sollte vielleicht darüber nachdenken, ob die eigene Echauffierung über die vermeintlich diskriminierende Ausgrenzung als Frau oder diverses Geschlecht nicht eher im mangelnden Selbstbewusstsein ihren Grund findet.

Immerhin hörte man in den letzten Jahrhunderten niemanden, der sich derart empörte, wenn man es als völlig normal empfand, dass mit Ärzten natürlich auch Ärztinnen gemeint waren.

Und dass es nicht Studierende sein müssen, damit sich auch Studentinnen und diverse Hochschulbesucher bei der Vokabel des Studenten entsprechend berücksichtigt sehen. Das reflexartige Gefühl des Benachteiligtseins ist letztlich auch Ausdruck von gegenwärtigem Antiautoritarismus.

In diesem Zusammenhang ist das neue Selbstbestimmungsrecht ist auch deshalb mit unseren Grundsätzen nur schwer vereinbar, weil es den Freiheitsbegriff überstrapaziert - und keine für den Rechtsstaat notwendige Abwägung der Interessen vornimmt. Denn die Profilierung der eigenen Person muss dort enden, wo sie gesellschaftliche Sitten, Werte und Rahmenbedingungen tangiert.

Letztgenannte sind notwendig, um in einem gemeinschaftlichen Miteinander Verbindlichkeit und Verlässlichkeit garantieren zu können. Ist dies nicht mehr der Fall, nähern wir uns anarchischen Verhältnissen. Eine Sozietät kann es sich nicht leisten, aufgrund der Befindlichkeiten einer Minderheit, die es nicht vermag, für sich eine Kongruenz in der Identität herzustellen, Regeln aufzukündigen. Würde dem Egozentrismus von einzelnen mehr Gewicht geschenkt als dem Anspruch der Mehrheit an eine Normierung von Aufgaben, Verantwortung, Verpflichtung, Funktion und Rolle des Bürgers in einem Staat, ließe man Willkür und Beliebigkeit gewähren.

Dass es sich bei dieser Auseinandersetzung um den Ausgangspunkt für eine kulturpolitische Konfrontation mit der prinzipiellen Absicht an eine Umwälzung unseres repräsentativen Systems in Richtung einer ideologischen Oligarchie handelt, scheint angesichts der zahlreichen anderen Forderungen aus der grünen Wokeness offensichtlich.

Das minoritäre Diktat der zeitgeistigen Gutmenschlichkeit und Korrektheit missbraucht die Tugend der Toleranz für das Durchdrücken von Idealen ohne Konsens in der Bevölkerung.

Mit Verweis auf die Moralisierung und dem Totschlagargument des Respekts sollen auf diesem Wege all diejenigen diszipliniert werden, die sich aus guten Gründen für das Bewahren von Zuständen einsetzen, welche gerade nicht überholt sind - aber selbstredend im Widerspruch zum Mainstream stehen. Und dass sie das tun, belegt ihre Notwendigkeit.

Auch wenn es der SPD in ihrer Naivität zuzutrauen wäre, dass sie über die Umfragewerte für ihren Bundeskanzler und die eigene Reputation in der Bevölkerung hinwegsieht und sie ausblendet, dürfte mittlerweile allen Sozialdemokraten mit ein wenig Menschenverstand und Aufmerksamkeitsgabe nicht entgangen sein, dass Scholz der unbeliebteste Regierungschef in der Bundesrepublik ist, den es seit den Aufzeichnungen vor rund 125.000 Jahren je gab.

Kaum jemand hat so viele Versprechen gebrochen. Wir hatten Führung bestellt, haben Chaos bekommen. Eine Zeitenwende gab es lediglich mit Blick auf die Demokratie: Das repräsentative System wurde von der Ampel absurdum geführt, indem man den geleisteten Eid kontinuierlich brach und sich mit einer beharrlichen Arroganz gegen jegliche Warnsignale aus der Demoskopie stemmte - obwohl es die Spatzen längst von allen Dächern gepfiffen hatten:

Man handelte wider den Willen des Souveräns, der in unserer Herrschaftsform als Mehrheitsmeinung der Wähler zu verstehen ist - die zwar nur alle vier Jahre ihre Stimme abgeben können, aber damit sicherlich keinen Freifahrtschein für eine ganze Legislaturperiode ausstellen.

In diesen Tagen werden massive Defizite in unserer Verfassung offenbar, weil die Gründungsväter nicht damit gerechnet hatten, dass sich einmal eine Regierung in derartiger Dreistigkeit über jede Atmosphäre im Land hinwegsetzen würde. Nun werden wir die Geister nicht mehr los, die einige von uns riefen. Schon lange vertreten SPD, Grüne und FDP nicht mehr die majoritäre Auffassung der Menschen.

Mit Geld versuchte man, bereits anfangs die Wogen zu glätten und ein mögliches Aufbrausen der Bürger gegen eine aufoktroyierte Transformation mit der Brechstange zu mäßigen. Doch man bediente sich dabei nicht mit dem Grundgesetz konformer Haushaltskniffe - und ist so manchen Doppel-Wumms, wie beispielsweise das Klimageld, bis heute schuldig geblieben. Von Glaubwürdigkeit ist weder bei Scholz noch den das Regierungsbündnis tragenden Koalitionären etwas geblieben. Es gab keine vergleichbare Zusammensetzung von Parteien, die in einer derart kurzen Zeit mit dem Mähdrescher über Deutschland hinweggefegt sind - und den wirtschaftlich erarbeiteten Wohlstand aus Jahrzehnten durch eine vor allem ohne jede Weitsicht und mit bloßer Ideologie getriebene Energiewende zerhäckselten.

Geblieben ist einer der letzten Plätze in Sachen ökonomisches Wachstum weltweit - und bloße Häme für das einstige Aushängeschild und qualitative Vorreiteretikett "Made in Germany". Im eigenen Land wandelt der Kanzler wie ein Taubblinder ohne Krückstock, lässt sich demenzielle Defizite andichten, um nicht mit eigenen Fehlern konfrontiert zu werden.

Und auch mit einem etwaigen Ersatzkandidaten wie Pistorius würde die Lage nicht sehr viel besser werden. Denn der kriegstüchtige Minister scheint aus dem gleichen Holz geschnitzt wie sein aktueller Vorgesetzter: Durchsetzungsfähigkeit gegenüber einem wirklichkeitsphobisch verfolgten Habeck oder einem Schuldenmantra-fixierten Linder dürfte auch er nicht zeigen können. Viel eher hat sich das Experiment einer lagerübergreifenden Zusammenarbeit zu einer tickenden Zeitbombe entwickelt.

Dass sie in diesem Jahr - beispielsweise im Zuge der Landtagswahlen im Osten - explodieren könnte, wird nahezu täglich wahrscheinlicher. Aber vielleicht braucht es einen großen Knall statt eines weiteren Dahinsiechens einer bis in die 1990er- oder 2000er-Jahren noch aufrichtigen Nation, in der sich der Zeitgeist des Selbsthasses unter den Woken heute epidemisch ausbreitet - und man sich vor gutmenschlicher Bevormundung kaum noch retten kann.

Scholz hat es in die Geschichtsbücher geschafft, mit einem unrühmlichen Titel - den er auch nicht mehr loswerden kann. Denn dafür ist der Karren mittlerweile zu weit in den Dreck gefahren. Ihn dort wieder rauszuholen, das vermögen nur noch Andere.

Wir haben es mit der Toleranz deutlich zu weit getrieben!

Die wesentliche gesellschaftliche Frage dieser Tage muss lauten: Wie weit darf Toleranz in einer Gemeinschaft gehen, die zweifelsohne pluralistischer geworden ist - und in der viele Minderheiten Ansprüche stellen? Schlussendlich bleibt die Bundesrepublik trotz und gerade wegen aller Zuwanderung - ob nun durch geregelte oder Flüchtlingsmigration - ein in seinen Wurzeln nicht wegzudiskutierendes christliches Land mit einer entsprechenden Prägung, Tradition und Identität.

Und es muss gerade in einer Demokratie das Prinzip des Respekts von Minoritäten gegenüber mehrheitlicher Praxis gelten. Wer zu uns kommt, muss die Bereitschaft zur Hinnahme des kulturellen Lebens zeigen, das sich nicht nur aus einer geschichtlichen Entwicklung heraus ergibt, sondern auch aus dem Verständnis unseres Landes als freiheitliche und vielfältige Nation, in der aber eben nicht nach oligarchischen Manier Rücksicht auf die Befindlichkeit von jedem Einzelnen genommen werden kann.

Niemand fordert Assimilation, ein Mitfeiern von hierzulande gängigen Festen und Bräuchen. Allerdings das friedliche Akzeptieren - ohne das Totschlagargument der Kultursensibilität oder die zeitgeistige Moralkeule. Nein, es gehört eben nicht zu einer offenen Gesellschaft, dass kleine Gruppen ihre Wünsche und Vorstellungen aufoktroyieren. Religionsfreiheit bedeutet, seinem eigenen Glauben nachgehen zu können - aber nur so lange, wie dies nicht das Ausüben der Rituale des Gros beeinträchtigt.

Wer in einem Land fremd und Gast ist, von dem kann zurecht Pietät und Anstand erwartet werden. Das Symbol des Weihnachtsbaums ist ein Hinweis darauf, dass es die Überzahl der Bevölkerung gewohnt ist, zu dieser Jahreszeit Besinnlichkeit, Einkehr und Frieden wirken zu lassen. Diese die Weltanschauung des Christentums konfessionell übersteigende Botschaft dürfen wir uns nicht aus falsch verstandener Liberalität für alles und jeden nehmen lassen, der sich dadurch möglicherweise in seinen ideologischen Gefühlen verletzt sieht.

Die für die heutige Epoche entscheidende geschichtliche Entwicklung unserer Breiten ist von christlicher Kultur und Tradition geprägt. Daher kann und sollte sich unser Land auf diese Wurzeln besinnen. Entsprechend gehört dazu auch, dass die bei uns mehrheitlich vorherrschende Religion der vergangenen Jahrhunderte und Jahrzehnte durch ihre eigene Säkularisierung und Sozialisation die Bereitschaft und Fähigkeit zur Anpassung an eine freiheitlich-demokratische Grundordnung hat erkennen lassen. Deshalb ist sie auch besonders gut mit der derzeitigen Herrschaftsraum vereinbar. Denn sowohl Protestantismus wie Katholizismus erheben keinen weltlichen Absolutheitsanspruch.

Sie schätzen Meinungsfreiheit als einen ihrer höchsten Werte. Sie sind weder einer gewaltsamen Missionierung verpflichtet, noch fehlt ihnen die Offenherzigkeit zur Duldung und zum Respekt des Anders- und Nichtglaubens. Und vor allem haben sie sich durch eine kritische Exegese und eine Besinnung auf das Neue Testament einer friedlichen Botschaft hingegeben, die es ermöglicht, bei größtmöglicher Distanz ein

Miteinander zwischen Staat und Kirche gewähren zu lassen. Bedauerlicherweise ist es beispielsweise im Islam anders. Dort hat es eine erkennbare Mehrheit der Anhänger bis heute nicht vermocht, sich einer Liberalisierung zu stellen. Viel eher verfolgt sie noch immer das Ansinnen alleiniger Wahrheit - und schreckt dabei auch nicht zurück, religiöses Bekenntnis zu ideologisieren und politisieren.

Sie will niemand anderen neben sich haben - und ihre teils fanatisierten und desorientierten Unterstützer verlassen sich bei ihrer Überzeugung auf nicht selten von Expansion angetriebene Appelle verblendeter Kleriker, die zur Feindschaft und Missgunst gegenüber "Ungläubigen" aufrufen.

Das solch Einverständnis mit unseren westlichen Normen nicht vereinbar ist, scheint offensichtlich. Deshalb braucht es selbstredend ein Leitmotiv zur uneingeschränkten Akzeptanz bewährter und konventionell vereinbarter Tugenden unseres sozietären Zusammenlebens, welches verbindliche und unverrückbare

Regeln vorgibt - und dessen Nichteinhaltung bei fehlender Aufenthaltsberechtigung, abgelehntem Asyl oder ausbleibender Bleibeperspektive schlussendlich zur Ausweisung oder gar zu Verhinderung der Einreise führen muss.

Was wäre der Deutsche ohne seine Warnungen und den Alarmismus? Wenn es nach den Prophezeiungen der Wissenschaft ginge, wäre Südeuropa heute bereits eine breitflächige Wüste, die Benelux-Staaten stünden unter Wasser, das Ozonloch wäre geplatzt und die Pole schon seit Jahrzehnten eisfrei. Besonders tragisch ist an den momentanen Vorhersagen über die Dramatik der Erderhitzung, dass nicht wenige Menschen in einer Naivität und Gutgläubigkeit auf die Erkenntnisse einer Forschung vertrauen, die sich nicht einmal an den einfachsten Regeln evidenzbasierten und seriösen Arbeitens orientiert.

Man verlässt sich dort auf tendenziöse Prognosen und wenig objektive Computersimulationen, denen man von Beginn eingegeben hat, zu bestimmten Ergebnissen zu kommen. Man betrachtet Zeiträume, die völlig unzureichend sind, um die Anomalien der Natur zu erfassen. Und man unterschätzt die Resilienzfähigkeit des irdischen Gefüges – wie einst bei den Wäldern. Selbstverständlich geht es darum, dass wir Ressourcen schonen und unsere Lebensweise verändern. Nicht aber, um eines krampfhaften Klimaaktivismus willen, sondern für einen weitsichtigen Umweltschutz, der das Prädikat der Nachhaltigkeit – also des Mitdenkens aller Prämissen und Dimensionen – zu Recht erhält. Worauf wir verzichten können, sind ideologische Behauptungen über den angeblichen Konsens zur Hypothese ausschließlich anthropogener Schuld.

Dass wir uns als Zivilisation nicht genügsam verhalten haben, das ist kein Geheimnis. Die Monstranz des CO2 vor sich herzutragen, kommt dagegen der Blasphemie gleich. Über Ursachen und Zusammenhänge der perspektivischen Temperatur- und Wetterveränderungen können wir nur dann etwas sagen, wenn wir das multifaktorielle Geschehen ehrlich betrachten. Dazu gehört, uns nicht allein auf abduktive und induktive Schlusstechniken zu verlassen, sondern deduktiv Verstand und Logik einzubeziehen. Ebenso die Empirie, mit der wir uns reflektieren könnten.

Es genügt weder, aus einer Ansammlung von Einzelereignissen einen Trend abzuleiten, der den Blick auf die Gesamtheit der Planetengeschichte weitgehend ausspart. Eine Konzentration auf das industrielle Dasein allein und der Hinweis, dass der Beginn der Messungen erst Ende des 19. Jahrhunderts begann, ist keine Ausrede dafür, insbesondere archäologische und geologische Funde, ebenso wie Berichte und Zeugnisse über das Klima von früher nur deshalb außen vor zu lassen, weil sie gegebenenfalls nur mäßig belastbar sind.

Schlussendlich muss im Zweifel eingestanden werden, dass es uns mit unserem menschlichen Vermögen derzeit nicht gelingen kann, die evolutionären Eigenheiten der Jahrtausende in Zahlen, Formeln und Fakten zu pressen. Wer sich in der Meinung intellektueller Überlegenheit anmaßt, über diese Feststellung hinwegzugehen, zeigt wenig Bereitschaft dafür, Ergebnisoffenheit und Objektivität als Gratmesser und Voraussetzungen an die eigenen Überlegungen anzulegen. Es ist schlichtweg ungenügend, die aktuelle Epoche der zweifelsohne beschleunigten

Erderwärmung kontextlos anzunehmen und aus ihr als stark begrenztes Zeitfenster bloße Vermutungen über prähistorische und futuristische Zustände der Atmosphäre abzuleiten. Diese Verallgemeinerung, vom Kleinen auf das Große zu schließen, ist in diesem Zusammenhang zu wenig - insbesondere dann, wenn man aus der Erkenntnis ein zur Disziplinierung und Moralisierung der Gesellschaft geeignetes Narrativ entnimmt, das in nicht unerheblicher Weise von Politik, Medien und Aktivisten zu einer massiven Beeinflussung unserer Lebensweise, des wirtschaftlichen und sozialen Miteinanders, aber auch der Energiegewinnung und des Ernährens herangezogen wird.

Denn nicht einmal die Häufung von Katastrophen sagt etwas über ihre Ätiologie aus - schon gar nicht über eine etwaige Monokausalität. Manchmal gehört es auch in einem transhumanistischen Ansinnen zur Ehrlichkeit dazu, vor der Genialität und Unverständlichkeit der Schöpfung Demut zu zeigen und zu bekennen, dass die Komplexität zu groß ist, um sie erfassen zu können.

Die Bundesregierung hat der Bevölkerung und der Wirtschaft weder erklären können, womit ihre viel zu teure und in vielen Bereichen nicht praktikable Transformation geschultert werden soll - noch, welchen Sinn sie eigentlich verfolgt. Dass wir uns mit ihr überhoben haben, zeigt nun eindrücklich das riesige Loch in unserem Budget, das man nur notdürftig zu stopfen versucht - und dafür auch nicht davor zurückschreckt, massive Einschnitte bei Wohlstand, sozialer Sicherung und gesellschaftlichem Zusammenhalt in Kauf zu nehmen.

International wird unser Weg in die Sackgasse belächelt. Denn während sich der Kanzler darüber wundert, warum seine Rede auf der Klimakonferenz auf wenig Interesse stößt, schmiedet sich nicht nur ein Bündnis für Atomkraft - sondern wird plötzlich auch wieder die Notwendigkeit eines überhasteten Ausstiegs aus den fossilen Energien mehr oder weniger offenkundig hinterfragt. Dass man weltweit mit mehr

Pragmatismus vorangeht und sich nicht von einem vermeintlichen wissenschaftlichen Konsens über die ausschließlich anthropogene Ursache und menschliche Beeinflussbarkeit der Erderwärmung irritieren lässt, welcher bei genauerem Abklopfen einer argumentativen Gegenrede auch kaum standhält, ist wenig überraschend. Denn kaum jemand nimmt in einer derartigen Überheblichkeit wie die Bundesrepublik für sich in Anspruch, den Globus retten zu können - und zu müssen.

Stattdessen lässt man sich andernorts von Vernunft statt Ideologie leiten, weil man sich nicht nur mit tatsächlichen Gegebenheiten und Unwägbarkeiten ernsthaft befasst – und dabei auch die Logik über das Ansinnen des zwanghaften Umbruchs stellt. Denn Politik der Brechstange, das ist eigentlich ein Relikt aus Zeiten des Diktats, welche man doch in unseren Breiten eigentlich zu überwinden geglaubt hatte. Anders als die Ampel hat man außerhalb der Republik auch die wirtschaftlichen, sozialen und gesellschaftlichen Folgen im Blick, die entsprechende Maßnahmen mit sich bringen. Scholz, Habeck und Lindner wollten sich als die Veränderer präsentieren, haben es stattdessen aber in das Guinnessbuch der Ruinierer geschafft. Sie haben sich übernommen, wollten Unmögliches möglich machen. Sie sind an der Tatsächlichkeit gescheitert. Und hinterlassen uns nicht nur ein haushalterisches Chaos.

Die Schuldenbremse ist ein grundsätzlich notwendiges Mittel, um den Staat zu einer verantwortlichen Haushaltsführung zu verpflichten. Allerdings darf sie nicht zu einer Monstranz werden, die man unkritisch vor sich her trägt - und in ihrer Ausgestaltung nicht hinterfragt. Denn in ihrer derzeitigen Pauschalität dürfte sie sich nicht eignen, um ausreichend Zukunftsinvestitionen zuzulassen.

Auch die prozentuale Deckelung erscheint einigermaßen willkürlich und wissenschaftlich wenig begründet. Entsprechend sollten bestimmte Ausgaben außen vor bleiben, die klar definiert und geeignet sind, wirtschaftlich notwendigen Aufschwung nachhaltig generieren zu können und die nötige Infrastruktur in Deutschland sicherzustellen. Schlussendlich braucht das Modell eine gewisse Möglichkeit zum Atmen. Das derzeit starre Korsett macht uns nicht nur im Zweifel handlungsunfähig, sondern gibt uns international auch der Lächerlichkeit preis. Schlussendlich ist man heute ökonomisch weiter als noch vor 20 Jahren.

Konservative und neoliberale Narrative der "Schwarzen Null" ziehen auch deshalb nicht mehr, weil sie keine ausreichende Abwägung der Vor- und Nachteile einer höheren Verschuldung für die künftigen Generationen vornehmen. Entsprechend braucht es eine Überarbeitung des Mechanismus im Grundgesetz, allerdings nicht ihre vollkommene Streichung.

Mich fasziniert der Antrieb und die Psychologie der heutigen Aktivisten durchaus. Die einen sind bereit dazu, sich bis zur Unkenntlichkeit zu kasteien und in der Warteposition auf die nahenden apokalyptischen Kipppunkte ein märtyrerhaftes Dasein auf dem Asphalt unserer Straßen zu fristen. Dabei entbehren sie sogar das Kinderkriegen und im schlimmsten Fall auch das eigene Atmen, um die CO2-Bilanz zu verbessern.

Diese ist dem grenzüberschreitenden Klima aber eigentlich völlig egal - und spielt ohnehin nur für diejenigen eine Rolle, die sich in ihrer ideologischen Verblendung so weit von Vernunft und Realität entfernt haben, dass man nur eine selbstgeißelnde Motivation annehmen kann. Die anderen wiederum öffnen ihre Herzen für alle Menschen, die auf der Suche nach einer neuen Heimat sind, weil sie sich in ihren eigenen Herkunftsländern soziäl und wirtschaftlich benachteiligt fühlen.

Dass das internationale Asylrecht und der Schutz für Flüchtlinge allerdings nicht für die gegeben wurde, die sich mit einem allgemeinen Lebensrisiko nicht abfinden können, scheint den Seenotrettern und Willkommenskulturisten fremd zu sein.

Unter dem Deckmantel der Humanität und Barmherzigkeit lassen sie auch diejenigen nach Europa und Deutschland einreisen, die es beabsichtigen, hiesige Traditionen, Werte und Kultur zu untergraben und eine gesellschaftliche Erosion herbeizuführen, die den Bürgern in der Bundesrepublik ihre Identität rauben soll.

Es gilt das Recht des Stärkeren, nicht mehr des Bedürftigen. Allein diejenigen, die ernsthaft und glaubwürdig verfolgt sind, haben einen Anspruch auf Zuflucht bei uns. Nicht aber die, die für Diktaturen und Religion auf die Straßen gehen, vor denen sie zu Hause angeblich geflohen sind. Dass wir also nahezu gezwungen und nicht nur berechtigt sind, auf manchen durchaus unmenschlich wirkend klare Kante zu zeigen, sollte Praktikern mittlerweile deutlich sein.

Unsere Normen und Grundsätze um der offenen Arme für alle und jeden willen zu offenbaren, hat ebenfalls etwas mit Selbstaufgabe und Verachtung des eigenen Daseins zu tun. Eigentlich traurig, dass sich gerade Teil unserer Jugend derart des eigenen Ichs schämt. In einer Zeit, in der wir eine nahezu grenzenlose Selbstbestimmung gewähren und jedem von uns eine Umsetzung der eigenen Individualität bis ins Unendliche ermöglichen wollen, fällt es dem Einzelnen immer schwerer, eine Kongruenz im Ich herzustellen.

Die Eigenfindung scheint häufiger aus dem Ruder zu laufen, weil gesellschaftliche Konventionen und Vereinbarungen, aber auch natürliche Gesetzmäßigkeiten und evolutionäre Gegebenheiten heute nicht mehr respektiert werden. Wir sind immer öfter auf der Suche nach Identität. Und damit ist nicht gemeint, dass jeder von uns eine Vielzahl von Persönlichkeitseigenschaften in sich vereint, die uns gerade zu vielseitigen und vielfältigen Wesen werden lassen. Doch wenn wir das Buch unseres Lebens malen, sollten wir nicht allzu oft den Stift in die

Hand des Mainstreams abgeben. Ständige Anbiederung und Anpassung an den Wandel ist kein Ausdruck von gesunder Selbstreflexion und einer kontinuierlich notwendigen Hinterfragung dessen, was wir denken und tun. Viel eher ist es ein Ausdruck von Selbstaufgabe, im Meer der zahlreichen Optionen unseres Sein-Könnens unterzugehen.

Auch wenn die Flexibilität zu unserer heutigen Kultur gehören mag, so wird sie doch zum Verhängnis für diejenigen, welche sich nie festzulegen bereit oder fähig sind. Ständig Reisende werden keinen Seelenfrieden finden, insbesondere dann nicht, wenn ihnen Ziel und Orientierung fehlen. Entsprechend kann es kein Ansinnen der Moderne sein, Beliebigkeit und Willkürlichkeit Vorschub zu leisten.

Der Liberalismus - vor allem in Deutschland - hat aus meiner Sicht zwei eklatante Fehler begangen. Einerseits hat er sich insbesondere durch einen Schwenk der Freien Demokraten unter Westerwelle stark auf finanz- und wirtschaftspolitischen Bereich verengt - und darüber hinaus in einer Übersteigerung des Konzepts der Marktwirtschaft in Richtung einer Radikalität vor allem den in unserer Verfassung gebotenen und durch Theoretiker wie Keynes angemahnten Regulierungsbedarf durch den Staat derart weitgehend zurückgedrängt, dass bei vielen Menschen der Eindruck einer sozialen Kälte und fehlender Empathie für die einzelnen Lebensgeschichten und persönlichen Schicksale der Bürger zurückgeblieben ist.

Man erinnere sich beispielsweise an die Aussagen des früheren Vorsitzenden zur "Spätrömischen Dekadenz", mit denen er in einem überaus plumpen, populistischen und pauschalen Blick auf Bedürftige zu Recht für

Empörung sorgte. Oder aber die Einlassungen von Rösler über die "Schlecker-Frauen". Und auch andere Skandale wie rund um die Hotelsteuer bleiben im Gedächtnis haften. Zudem hat sich der Liberalismus neuerdings durch die ökologische Bewegung vereinnahmen lassen und in diesem Zuge viel von seinem Rückgrat preisgegeben.

 Da hatte man einst einen guten Ruf als verantwortungsvolle haushalterische Kraft - und lässt sich dann zu einem verfassungswidrigen Nachtragsbudget 2021 hinreißen. Gleichzeitig durften Außenstehende wie Mitglieder der FDP am Heizungsgesetz exemplarisch mitverfolgen, wie Pragmatik und Vernunft kurzerhand über Bord geworfen wurden - und selbst mit dem eigenen Ziel der Technologieoffenheit am Ende kein überzeugendes Ergebnis erreicht werden konnte.

Stattdessen beteiligt man sich weiterhin an indirekten Steuererhöhungen und neuer Abgabenlast, um die Traumfantasien der Grünen finanzieren zu können. Hierdurch ist eine toxische Abhängigkeit entstanden, obwohl für jeden sichtbar das lagerübergreifende Experiment an den völlig diametralen Weltanschauungen der beiden Parteien gescheitert ist. Und doch biedert man sich weiter an, scheint am Tropf von Nouripour oder Lang zu hängen. Denn man will die für vier Jahre zugestandene Verantwortung nutzen, noch ein paar Diäten einzustreichen und Pöstchen mit eigenen Leuten zu besetzen. Schlussendlich hat sich wiederholt der Eindruck verfangen, dass man zugunsten des Machterhalts auf wesentliche Teile des eigenen Markenkerns verzichtet - und dem eigenen Motto, besser nicht zu regieren, als falsch zu regieren, in keiner Weise gerecht wird.

Wenngleich dieses Verhalten eher ein parteipolitisches Phänomen als denn eine für den Liberalismus im allgemeinen typische Eigenschaft ist, so prägt es die Wahrnehmung der Menschen doch vor allem auch deshalb, weil das Volk im Augenblick eben nicht den Eindruck hat, dass die Freiheits-, Eigentums- und Grundrechte gestärkt werden - im Gegenteil. Es kommt zu massiven Einschnitten durch eine Bevormundung, Moralisierung und

Disziplinierung, ausgehend von einer zeitgeistigen Ideologie, denen man sich als bürgerliche Kraft der Mitte nicht verteidigend entgegenstellt. Insofern keimt in vielen von uns natürlich durchaus die Frage auf, inwieweit der Liberalismus in seiner derzeit praktizierten Weise nicht eher eine Gefahr für den gesellschaftlichen Zusammenhalt denn für eine Fortentwicklung einer souveränen Bevölkerung sein kann.

Letztlich hat man beispielsweise mit dem Selbstbestimmungsrecht bewiesen, dass man offenbar einem ad absurdum geführten Freiheitsbegriff anhängt, den die Mehrheit nicht teilt, weil er hin zu Beliebigkeit, Willkür und nahezu anarchischen Zuständen der endlosen Selbstfindung, Grenzenlosigkeit und Unverbindlichkeit führt. Und selbst wenn man mit dem Festhalten an der Schuldenbremse grundsätzlich das Ansinnen vieler Menschen zu mehr Disziplin bei den Ausgaben des Staates vertritt, wirkt diese international nur noch belächelte Monstranz auch deshalb wenig authentisch, weil sie mit immer neuen Tricks und Kniffen der Sondervermögen kontinuierlich umgangen wird. Und selbst finanztheoretisch hat sich die einzige, dezidiert als liberal bezeichnende Partei in Deutschland nicht sonderlich mit Ruhm bekleckert. Hätte doch in Hochzeiten der Teuerung gerade die Stunde von Minister Lindner als vermeintlichem Hüter des Geldes geschlagen, konnte er dennoch nicht wirklich mit Fachkunde überzeugen.

Statt zyklische und antizyklische Ideen zur Bekämpfung der Kostendruckinflation in einem modernen Verständnis miteinander zu kombinieren und Überlegungen einer restriktiven wie expansiven Fiskalpolitik zu kombinieren, verharrte er im Korsett der Starrsinnigkeit. Übrig geblieben ist davon ein massiver Einschnitt bei Investitionen in die Infrastruktur des Landes, Subventionen in klimapolitische Leuchtturmprojekte seiner Koalitionspartner haben die Bundesrepublik gleichzeitig in die größte Haushaltskrise ihrer Geschichte geführt haben. Dass der Liberalismus unter diesen Vorzeichen hierzulande keinen Blumentopf mehr gewinnen kann, scheint einigermaßen einleuchtend.

Wagenknecht:
Eine Retterin in
aufgeregten Zeiten?

Sahra Wagenknecht verschleiert ihre programmatischen Schwerpunkte eigentlich nicht. Zwar kann man sich unter den blumigen Worten einer Demokratisierung von Betrieben vielleicht im ersten Moment nicht wirklich das vorstellen, was sie meint - nämlich nicht nur eine Überführung von privatwirtschaftlichem Eigentum in den Besitz von Mitarbeitern und Beschäftigten, sondern auch eine zentralgelenkte und durch staatliche Regulierung beeinflusste Ökonomie, zumindest in wesentlichen Bereichen der Daseinsvorsorge und der Güterproduktion für das alltägliche Leben.

Liest man sich aber ihre Bücher und Texte aus der Vergangenheit durch, werden diese Absichten rasch unmissverständlich: Zweifelsohne sind sie in den bisher bekannten programmatischen Schwerpunkten ihres neuen Bündnisses deutlich verkürzt - und sicherlich auch verklausuliert. Aber wer möchte, kann sich bereits heute ein Bild davon machen, was die ehemalige Linken-Politikerin an Vorstellungen für die Gesellschaft hegt. Dass wir in unserem Land gerade bei übermächtigen Konzernen durchaus mehr Spielräume der sozialen Marktwirtschaft nutzen müssten, um monetäre Exzessen Einhalt zu gebieten, dieser Überzeugung werden wohl auch viele Menschen abseits des extremen Randes zustimmen. Aber selbstredend sollte man sich bewusst machen, dass es ihr in der Zielsetzung wenigstens um eine Mischung aus "DDR light" und einer stärker auf nationale Interessen und Bedürfnisse des einfachen Mannes ausgerichteten Politik eines Neokonservativismus geht, welche durchaus mit einem erheblichen Umbau des jetzigen Systems verbunden wäre.

Gleichermaßen hat sie aber noch andere Unklarheiten in ihrer Konzeption, die ihr möglicherweise auf die Füße fallen könnten. Denn auch mit Blick auf das die Öffentlichkeit arg bewegende Thema der Migration gibt es eine doch erhebliche Heterogenität in den Ansichten der einzelnen Funktionäre in der neuen Partei.

So hat die bisherige Linksfraktionsvorsitzende Amira Mohamed Ali noch vor einigen Jahren jegliche Abschiebung von Flüchtlingen abgelehnt, deren Asylverfahren mit einem negativen Bescheid rechtskräftig endete. Heute gibt sie sich diesbezüglich geläutert, was man einerseits auch durchaus als glaubwürdig annehmen kann.

Denn ich weiß selbst, dass äußere Umstände eine Meinung komplett verändern können. Trotzdem braucht es andererseits Klarheit und ein Bekenntnis zu einer einheitlichen Linie, wie das BSW im Jahr 2024 zu der illegalen Einwanderung und der Regellosigkeit mit Blick auf die momentanen Zustände in unserem Land diesbezüglich eingestellt ist. Möglicherweise wird man heute in der anstehenden Pressekonferenz und innerhalb der kommenden Wochen dazu mehr erfahren. Nachholbedarf in Sachen Transparenz ihrer Ideologie gibt es in jedem Fall.

Leider hatte Sahra Wagenknecht auch in der Pressekonferenz zur Vorstellung ihrer frisch gegründeten Partei nicht wirklich vermocht, ausstehende Fragen gänzlich zu beantworten und Zweifel daran auszuräumen, dass es sich bei ihren Positionen tatsächlich um mit unserem demokratischen System vereinbare Ziele handelt. Wenngleich sich die ehemalige Linken-Politikern erneut rhetorisch brillant erwies und es vermochte, die Stimmungslage im Land in deutliche, zugespitzte und ehrliche Worte zu fassen, kam man über einige sicherlich von vielen im Volk teilbare Standpunkte nicht weit hinaus.

Viel eher braucht es nun eine tiefergehende Auseinandersetzung mit dem Programm, das nur sehr begrenzt angeschnitten und skizziert wurde. Immerhin weiß man um die grundsätzliche Einstellung der mit ihrer Persönlichkeit herausstechenden Bundestagsabgeordneten, die in ihren Büchern und Texten keinen Hehl daraus macht, dass ihr ein retrosozialistisches Konzept vorschwebt - zumindest in der Wirtschaftspolitik.

Dissonanzen und Heterogenität unter den Protagonisten - beispielsweise in der Migrationsfrage - wurden auf dem Podium in der Bundespressekonferenz weitgehend zu kaschieren versucht. Lediglich das Bemühen, die erste klar lagerübergreifend denkende, aber eben nicht von Ideologie freie Partei in Deutschland als ein Potenzial für deutliche Verschiebungen in den Umfragen zu würdigen, war dann doch allen auf der Bühne anzumerken.

Dass sich das Bündnis allerdings nun doch den Namen ihrer Gründerin gegeben hat, ist sicherlich aus PR-Gründen zweischneidig zu sehen. Wenngleich die Person Wagenknecht für viele eine Ikone bereits deshalb darstellt, weil sie innerhalb ihrer ehemaligen politischen Heimat einen prägnanten und pragmatischen Kontrapunkt gesetzt und sich mit klarer Kante von deren zunehmender Genderifizierung und Klimafanatisierung abgegrenzt hat, muss sie nun auch beweisen, dass es um mehr geht als eine bloße One-Woman-Show, in der Selbstdarstellung und Rampenlicht im Vordergrund stehen.

Wagenknecht kann zweifelsohne Menschen an sich binden und sie mit ihrer Erscheinung einnehmen. Dennoch sollte man sich nicht verblenden lassen vor noch immer vielen Widersprüchlichkeiten in ihrer Konzeption und der Vorstellung der Zukunft von Deutschland. Doch ich stimme mit ihr überein, dass Exzesse des Neoliberalismus genauso unterbunden werden müssen wie Extremismus in Ökologie oder Transformation.

Dennoch dürfen viele verlockend wirkende Populismen wie eine rigide Umkehr in Sachen Asyl nicht darüber hinwegtäuschen, dass der Wähler mit einem Kreuz auf dem Stimmzettel beim BSW möglicherweise im selben Schachzug auch für einen plangesellschaftlichen Umbau unseres ökonomischen, freiheitlichen und bürgerlichen Staatswesens votiert. Dieser Möglichkeit sollte man sich zumindest solange bewusst sein, wie die neue Partei derartige Visionen nicht konsequent ausschließt.

Die Angriffswellen Russlands auf die Ukraine
beweist, dass man sich im Westen allzu
lange darauf verlassen hat, mit gelieferten
Waffen einen militärischen Sieg auf dem
Schlachtfeld erwirken zu können. Selenskyj
hängt dieser Vision offenbar noch immer an.
Doch gerade in den USA und Europa
dämmert es mittlerweile auch einigen
Experten: Eine Überlegenheit von Kiew wird
es in diesem Konflikt nicht mehr geben
können, weil immer mehr Nationen nicht
bereit sind, ein totgerittenes Pferd weiterhin
am Tropf zu halten.

Man hatte sich von der Illusion leiten lassen,
dass Moskau zu bezwingen sei - weil es nicht
in den ersten Tagen des Krieges vermochte,
das Nachbarland mit seiner Invasion
einzunehmen. Man schien auf einer Welle
der Zuversicht zu gleiten, durch die
sogenannte Gegenoffensive Putins Armee
wieder zurückdrängen zu können. Geblieben
ist ein immer mehr Menschen und Material
fordernder Abnutzungskonflikt, der aktuell
wieder an Dynamik gewinnen könnte.

Denn auch wenn es eine schwer zu ertragender Wirklichkeit ist - und wir eigentlich im 21. Jahrhundert davon ausgegangen waren, dass man auf unserem Kontinent Grenzen nicht mehr durch Gewalt verschieben kann, sind wir nun wenigstens mit einer Pattsituation konfrontiert, in der NATO und die Verbündeten entweder mit lebensverlängernden Maßnahmen für Kiew das Sterben und Leiden prolongieren - oder persönliche Befindlichkeiten des ukrainischen Präsidenten hintangestellt werden, um allein mit Blick auf die Opfer in der Zivilbevölkerung und unter den Soldaten diejenigen in der Führungsriege befähigen, die zu diplomatischen Gesprächen und einer Vermittlung bereit sind.

Es gab offenbar immer wieder Gelegenheiten, diesem sinnlosen Blutvergießen ein Ende zu setzen. Genutzt wurden die Chancen allerdings nicht, obwohl sich Brückenbauer bereiterklärt hatten, Gesprächskanäle zu beiden Seiten herzustellen. Inwieweit das Volk der Ukraine um eines Unterbruchs der Kämpfe willen zu Zugeständnissen bereit ist, können wir auch deshalb nicht abschätzen, weil sich der uns als Demokrat präsentierende Selenskyj Wahlen verweigert. Daher ist ungewiss, ob beispielsweise die Autonomisierung und Demilitarisierung der besetzten Gebiete ein möglicher Anknüpfungspunkt wäre, um zumindest zu einer vorläufigen Verständigung zu kommen.

Erstaunlicherweise scheint das transatlantische Militärbündnis dagegen zumindest zeitweise nicht in den Alarmismus und die Kriegstüchtigkeit zu verfallen, die insbesondere manche Verteidigungsminister in der Europäischen Union dieser Tage proklamieren. Dass es in einem Konflikt wie aktuell in der Ukraine fehlgeleitete Raketen gibt, die bewusst oder unbewusst für einen kurzen Zeitraum über fremdes Territorium fliegen oder gar dort einschlagen, scheint für einen vernünftigen und pragmatischen Betrachter auch kein Grund zur Sorge.

Diejenigen allerdings, die in ihrer Glaskugel den Angriff Putins auf Europa in sieben bis acht Jahren erkannt haben wollen, werden auch diesen Zwischenfall für ihre Zwecke missbrauchen - und ihn als Hinweis für ihre düstere Prognose eines nahenden Dritten

Weltkrieges nutzen. Dass sie ansonsten aber keinerlei Belege oder Nachweise für ihre Spekulationen vorlegen können - und sich damit in einer unverantwortlichen Weise einer Verunsicherung und Panikmache der Bevölkerung schuldig machen -, scheint Pistorius und einige Kollegen nicht sonderlich zu interessieren.

Letztlich vermag man bei nüchterner Betrachtung hinter ihrem Gebaren vor allem den Versuch einer Rechtfertigung für weitere finanzielle Mittel der Aufrüstung zu erkennen, aber auch ein Argument zur Wiedereinführung einer breitflächigen Wehrpflicht. Allerdings ist es doch ziemlich erbärmlich und ein Anzeichen für große Hilflosigkeit von Politikern, wenn sie allein mit dem Instrument der Angst ihre Forderungen und Wünsche durchsetzen wollen.

Solange der Sozialdemokrat also keine belastbaren Erkenntnisse für seine Theorien einer Bedrohung durch Russland vorlegen kann, verlasse ich mich - wenn auch nur ungern und ausnahmsweise - auf die derzeitige Gelassenheit der NATO.

In Deutschland fehlt es im Moment vor allem an Ehrlichkeit der herrschenden Eliten. Die Ampel-Regierung wollte Fortschritts-Koalition sein, hat dabei aber vergessen, die Handbremse zu lösen. So ist das Experiment und damit auch die Hoffnung gescheitert, dass ein lagerübergreifendes Bündnis positive Dynamik in die Entwicklung der Bundesrepublik bringen könnte. Der ständige Richtungsstreit vor allem zwischen FDP und Grünen lähmt die gesamte Nation.

Das ideologische Festhalten an Traumwelten und das sich Abschirmen vor einer die Politiker in ihren Utopien umzingelnden Wirklichkeit hat letztlich zum Abbiegen in einen Geisterfahrerkurs geführt, in dem vor allem die selbstbeweihräuchernden Habeck und Baerbock nicht mehr erkennen, dass es nicht die anderen sind, die in die falsche Richtung fahren. Der Rattenschwanz einer allein weltanschaulich begründeten Transformation mit der Brechstange wird immer länger, die Kosten für eine surreale

Zukunft à la Ökosozialismus steigen ins Unermessliche. Um die Leuchtturmprojekte einzelner Minister verwirklichen zu können und ihnen in Wärmepumpen, Elektroautos oder Windrädern Denkmäler zu errichten, wird jede Vernunft über Bord geworfen - und selbst die von einem Liberalen wie Lindner eigentlich zu erwartende Haushaltsdisziplin wird bewusst und mutwillig übergangen.

Schlussendlich musste Karlsruhe eingreifen - und hat im Rahmen seines Urteils zum Nachtragshaushalt 2021 auch eine generelle Skepsis an den Maßnahmen dieser Koalition gezeigt, welche wohl nicht nur nach Auffassung der Richter kaum geeignet scheinen, ein effizientes und pragmatisches Wirtschaftswachstum zu generieren. Stattdessen führt die Verblendung durch die heilige Monstranz des Klimaschutzes in eine auch international belächelte Sackgasse, die uns nicht nur ökonomisch isoliert, sondern auch Investoren davon abhält, in unser einst mit einem guten Ruf versehenen Land Vertrauen zu schenken. Denn solange wir uns von einem Geburtsfehler der grünen Partei - nämlich die in ihrer DNA angelegte

Ideenlehre von Antiatomkraft bis hin zu "CO2-Neutralität" - abhängig machen, verlieren wir immer weiter den Anschluss an Konkurrenz- und Wettbewerbsfähigkeit. Denn die Hürde für Unternehmen, die nicht nur durch Verordnungen und Gesetze erschwert werden, sondern auch die nachlassenden Standortfaktoren in den einzelnen Regionen. Schlussendlich werden einzelne Nischenfirmen durch bestimmte politische Kreise lobbyistisch gepusht. Betriebe mit einer anderen Philosophie haben dagegen kaum noch eine Chance, an Subventionen oder Förderungen zu gelangen.

Ganz prinzipiell: Olaf Scholz beweist mittlerweile täglich seine Inkompetenz. Der sich stets als norddeutscher Teflon-Politiker gebende Bundeskanzler der persönlichen Kühle, der vorgeschobenen Vergesslichkeit und der sich selbstbeweihräuchernden Realitätsverweigerung betrachtet die Welt nur noch aus dem Berliner Elfenbeinturm heraus, aus dem sich der Zustand des Landes um 180 Grad von dem Eindruck der Bürger unterscheidet - die im Moment überhaupt nichts von Solidarität, Zusammenhalt oder

Unterhaken empfinden. Stattdessen leiden Wirtschaft und Menschen unter einer die Bevölkerung in Geiselhaft nehmenden Regierung, die eine mit Mühen aufgebaute und stabilisierte Bundesrepublik innerhalb von kurzer Zeit zurück in die Ruinen trieb. Schlussendlich nutzt sie die Nation als Spielwiese aus, um sich in ihrer wirklichkeitsfernen Traumwelt austoben zu können. Momentan rächen sich Webfehler unserer Verfassung, die im repräsentativen System keine Möglichkeit vorsieht, den Missbrauch des Eides von Politikern beispielsweise durch eine Amtsenthebung zu sanktionieren.

Wir sind angewiesen auf die Einsichtsfähigkeit einer Gurkentruppe, die sich ihre eigene Wahrheit nicht nur schönredet, sondern auch schönrechnet. Mit dem bewussten Bruch des Grundgesetzes in Form des Nachtragshaushaltes 2021 lieferte sie einen beispiellosen Beweis für ihre Absicht, eine Ideologie der rücksichtslosen Transformation auch über geltendes Recht hinaus durchsetzen zu wollen. Versagensscham empfindet weder der Kabinettschef, noch Habeck, Baerbock,

Lindner und Co. - denn sie zweckentfremden ohne jeden Skrupel die ihnen bei der letzten Bundestagswahl übertragene Verantwortung, die der Souverän im guten Glauben an einen tatsächlichen Fortschritt durch ein übergreifendes Bündnis gewährt hatte. Mittlerweile schwankt das Agieren der Ampel zwischen Festkleben an den Stühlen und Aussitzen der Legislaturperiode - allerdings unter der selbstgefälligen Mitnahme zusätzlicher Diäten und Steuergelder. An Dreistigkeit lässt sich das kaum noch überbieten.

Politische Demut vor dem Volk war gestern. Und die dargebotene Empörung und Besorgnis über den Aufstieg der Alternative für Deutschland ist pure Heuchelei. Den allzu viele Möglichkeiten bleiben tatsächlich nicht mehr, nachdem sich nun auch ein potenzieller Nachfolger Merz zwischen die Stühle gesetzt und die Öffentlichkeit im Unklaren gelassen hat. Mit der SPD will er aus persönlichen Gründen nicht, mit den Grünen möchte seine Basis nicht, die FDP will der Wähler nicht - und die AfD mag der Verfassungsschutz nicht. Quo vadis, Deutschland?

Der massive Angriff auf die Freiheitsrechte der Europäer durch den Machtapparat in Brüssel nimmt immer groteskere Züge an. Mittlerweile möchte man uns alles vorschreiben - wie wir essen, was wir denken dürfen, wie das Haus zu sanieren ist, welche Haushaltsgeräte zu nutzen sind, wie wir Flaschen zu öffnen haben und daraus zu trinken haben, welches Auto wir kaufen können oder wie man korrekt spricht.

Unterwandert vom Lobbyismus der Feministen und Queeristen, die eine zeitgeistige Wokeness proklamieren, sitzen die Beamten von Ursula von der Leyen täglich an neuen Ideen und Konzepten, wie sie die Bürger gängeln können. Schlussendlich steckt dahinter nichts anderes als der Missbrauch von Macht und Verantwortung. Schon immer haben die Menschen versucht, sich zu überhöhen und zu erheben - und diejenigen zu unterdrücken, die nicht der gleichen Meinung sind oder derselben Ideologie angehören.

Doch der Kick des Besserwissens und der Reiz zur Disziplinierung haben allerdings mit einer neuen Welle an Egozentrismus nochmals stark zugelegt. Nach dem Motto, alle nach einer Pfeife tanzen zu lassen und die Gunst der Führungsetage dafür zu nutzen, den Untertan zur Marionette zu machen, hat man sich dem demokratischen Prinzip der Volksherrschaft entledigt - denn der Widerspruch des Souveräns ist in einer plangesellschaftlichen Weltanschauung störend.

Und da man bereits zu Gründungszeiten der Europäischen Gemeinschaft viel zu viele Kompetenzen der Nationalstaaten abgegeben hat und ein Aufblähen des EU-Kolosses duldete, bekommt man nun den Geist nicht mehr in die Flasche, den man im Vertrauen auf den Mehrwert des Staatenbündnisses naiv aus der Flasche ließ. Spätestens aber bei der nächsten Parlamentswahl im kommenden Jahr dürfte zumindest diese Institution im Gefüge blaues AfD-Wunder erleben. Und auch die Bürger anderer Länder werden ein deutliches Signal der Skepsis und Ablehnung an Zensur-Kommissaren, Political-

Correctness-Gendarmen und Paragrafen-Reitern senden. Denn nur noch wenig vom, was dort beschlossen und verordnet wird, dient dem Fortschritt der Menschheit.

Ähnliches erleben wir derzeit bei der Süddeutschen Zeitung, die offenbar ebenfalls ein Problem mit der Meinungsfreiheit hat. Davon können Aiwanger, Lindemann oder Weidel mittlerweile ebenso ein Lied singen wie die vielen ehemaligen Leser, die sich nicht länger dem akuten Linksrutsch dieses Mediums hingeben wollten. Während das Blatt selbst auf Twitter weiterhin aktiv ist und dort in Teflon-Manier nahezu jede Kritik an sich abprallen lässt, stimmt es nun offenbar ein in den durchschaubaren Versuch von EU-Zensurkommissar Breton.

Er will die Plattform X durch die Unterstellung, Desinformation, „Fake News" und Hass zu verbreiten oder zu dulden, auf Grundlage eines höchst fragwürdigen und sicherlich noch von der Justiz zu überprüfenden Gesetzes mundtot machen. Denn Wahrheit und Richtigkeit ist aus seiner Sicht nur das, was die Brüsseler Behörden und Ursula von der Leyens Machtapparat definieren. Schlussendlich steckt dahinter ein massiver Angriff auf nicht zeitgeistige Positionen und Haltungen. Man will offenbar den derzeitigen Inhaber und die User unter Generalverdacht stellen, ohne bislang aber selbst konkrete und konkludente Nachweise über diese vermeintlich rechtswidrigen Inhalte geliefert zu haben. Nachdem sich die SZ durch den nicht unabhängigen, sondern mit Kollegen besetzten Presserat einen Freifahrtschein bezüglich der Verdachtsberichterstattung gegen den Freie-Wähler-Vorsitzenden hat ausstellen lassen, scheint sie neues Oberwasser gewonnen zu haben - und fühlt sich bestärkt, ihre Interpretation der Publizistischen Grundsätze innerhalb und außerhalb von Sozialen Medien durchdrücken zu können. Dass sich dort also ein Bündnis gegen die freie Rede schmiedet, muss nicht nur mit Blick auf den Journalismus zu argem Kopfzerbrechen führen, sondern insbesondere alle Demokraten aufhorchen lassen, die in Gutgläubigkeit bisher davon ausgegangen waren, dass es sich lediglich um ein Gebaren einer einzelnen Redaktion handelt.

Dass es innerhalb der Alternative für
Deutschland identitäre Strömungen gibt, die
in den Vorstellungen der sogenannten
Remigration deutlich das grundgesetzlich
legitime und notwendige Ansinnen einer
Rückführung derjenigen Personen
übertreten, die sich ohne anerkannten
Fluchtgrund, offensichtliche
Bleibeperspektive oder nach endgültig
negativem Asylbescheid in Deutschland
aufhalten, ist wohl unzweifelhaft.

Doch in den zahlreichen Stimmen, die
beispielsweise die ZDF-„heute"-Redaktion im
Nachgang zusammengetragen hat, findet
sich eine Vielzahl an Zitaten, die nichts
Anderes fordern als die Wiederherstellung
der geltenden Gesetze - die nämlich
vorsehen, dass eigentlich nur diejenigen bei
uns Schutz finden, die durch tatsächliche
Verfolgung bedroht sind. Diese in einer
unzureichenden Weise voneinander
abzugrenzen, ist ein erneutes
journalistischen Versagen, welches
mittlerweile nicht mehr als ungewollter

Einzelfall gewertet werden kann, sondern ein bewusstes, gezieltes und strukturelles Muster der Verunglimpfung von Positionen und Personen darstellt. AfD-Politiker, welche nicht nur demokratisch vertretbare, sondern aus Gründen der Fairness und Gerechtigkeit gegenüber tatsächlich Hilfsbedürften und ehrlichen Arbeitsmigranten auch überaus sinnvolle Forderungen der strikten Ausweisung von illegal und ohne weitere Aussicht auf Anerkennung eines festen Status hier lebenden Flüchtlingen vertreten, werden von sich als objektiv gebenden Journalisten in eine diffamierende rechtsextreme Ecke gedrängt.

Das bleibt gerade deshalb skandalös, weil nicht zuletzt davon ausgegangen werden kann, dass diejenigen in der Partei, die in ihrer deutlich übersteigerten Bereitschaft zur Ausbürgerung von gut integrierten, in den Arbeitsmarkt eingegliederten und die gesellschaftlichen Strukturen, Werte und Normen respektierenden Mitmenschen mit Migrationshintergrund über das Maß des humanitär und verfassungsrechtlich Erträglichem hinausgehen, eben nicht die flächendeckende Mehrheit darstellen.

Insofern ist der Versuch der Generalisierung und Pauschalisierung entsprechend durchsichtig - und verfolgt in Zeiten des beginnenden Wahlkampfes und sich verfestigender Umfragen das bloße Anliegen, im Einklang mit dem möglicherweise formulierten Auftrag aus den Reihen der Regierenden darauf hinzuwirken, eine gesamte politische Kraft zu diskreditieren, die nach jetzigem Stand in einigen Bundesländern eindeutige Chancen hat, an führende Position zu gelangen.

Dass sich viele der Bürger von solchen Manövern aber nicht mehr beeindrucken lassen, scheint beim öffentlich-rechtlichen Rundfunk noch nicht angekommen zu sein. Entgegen seines Auftrages ist er nicht Verteidiger und Hüter der derzeitigen Herrschaftsform, sondern der die Axt anlegende Handlanger einer Ampel-Koalition, welche in ihrer Inkompetenz keine anderen Auswege mehr kennt, als die Medien zu instrumentalisieren.

Deutschland verfällt zunehmend von einer
Neurose in eine Psychose. Die sich
ängstigenden Bevölkerungsteile, inklusive
der Aktivisten, verfallen in Szenarien, denen
es an Plausibilität und Nachvollziehbarkeit
fehlt. Immerhin steht die Bundesrepublik
nicht vor unmittelbaren, konkreten und
katastrophalen Zuständen, welche eine
berechtigte Furcht begründen würden. Ohne
Zweifel gibt es Anlass zur Sorge angesichts
von Migrationskrise, Haushaltskrise oder
Wirtschaftskrise.

Letztlich sind aber alle Dramatisierungen
und der Alarmismus vor dem Morgen ein
Ausdruck fehlenden Vertrauens in die eigene
Selbstwirksamkeit. Wir verlassen uns zu
wenig auf unsere eigene Fertigkeit, unseren
Erfolg und unsere Leistung. Stattdessen
hoffen wir stets auf andere, dass sie
Veränderung bringen mögen. Dabei kann es
erfüllend sein und manche Unruhe nehmen,
selbst in Aktivität überzugehen - und dabei
zu merken, dass wir manchen

Anforderungen gerade nicht hilflos gegenüberstehen. Natürlich kann man angesichts der politischen Entwicklungen im In- und Ausland durchaus Zweifel bekommen, inwieweit die Verantwortlichen in Deutschland und in der Welt die Geschicke noch in der Hand haben. Gleichzeitig sind Visionen über mögliche Kipppunktee angesichts von Klimawandel und Krieg das Ergebnis fehlender Resilienzfähigkeit und abhanden gekommener Zuversicht in das Gefüge der Welt. einmal beschäftigt.

Doch dass es die Ampel nicht hinbekommt, bedeutet im Umkehrschluss keinesfalls, dass es keine Lösungsansätze für die Komplexität der anstehenden Hürden gäbe. Viel eher erweisen wir uns in einer kollektiven Depression, weil wir nicht ganz zu Unrecht den Eindruck haben, dass wir als Land abgehängt werden. Doch allein die Aussicht darauf, dass wir spätestens in zwei Jahren Wahlen durchführen werden, sollte uns zumindest die Hoffnung geben, dass wir die Bedingungen drehen können. Und bis dahin gilt, sich manchmal selbst am Schopfe zu packen.

Besonders groß scheint der Denkfehler bei der "Generation Z" scheint mir zu sein, dass sie vornehmlich auf weniger Arbeit setzt. Stattdessen ist das 21. Jahrhundert der Augenblick, in dem wir anders zu arbeiten beginnen müssen. Wir haben durch Technologisierung, Digitalisierung und Automatisierung viele Möglichkeiten, gerade stupide und stereotype Abläufe in Berufen an nicht-menschliche, künstliche und mechanische Kräfte auszulagern - und das Humankapital für tatsächlich wertvolle, sinnstiftende und benötigte Aktivitäten, Tätigkeiten und Aufgaben heranzuziehen.

Es geht sicherlich um weniger Leistungsdruck, dafür aber um mehr Selbstwirksamkeit. Das sich Zurücklehnen in den Schaukelstuhl sollte es auch in gesellschaftlicher Konvention über die Notwendigkeit von Arbeit als unverzichtbarem Teil von Leben nicht geben, da er nicht nur zur Sicherung monetärer Grundlagen hier dient, sondern auch den Tagesablauf bestimmt, Ablenkung schenkt und darüber hinaus Struktur und Orientierung im eigenen Dasein gibt, soziale Bindungen schafft und dazu befähigt,

Probleme und Krisen zu lösen. Außerdem ist eine berufliche Verpflichtung auch die Gelegenheit, eine Bestätigung für sich zu erfahren und daran zu wachsen. Die derzeitige Orientierungslosigkeit einer teilweise Alterskohorte, in der sich Manche auf die Straße kleben und Andere wiederum ein Ende der Fünf-Tage-Woche herbeisehnen, ist nicht zuletzt auch auf eine antiautoritäre Erziehung zurückzuführen, die letztlich den Eindruck einer überstrapazierfähigen Freiheit vermittelt hat - wonach die sogenannte Work-Life-Balance individuell gewichtet werden könne.

Doch ein Miteinander bedarf bestimmter Regeln und Verlässlichkeiten, um zu funktionieren. Die Rücksichtnahme auf Befindlichkeiten von Einzelnen kann sich unser Land auch angesichts der zahlreichen Transformationsprozesse nicht leisten. Schlussendlich bedarf es wieder eines Bekenntnisses zu kollektivem Verantwortungsbewusstsein.

Vor lauter Mauern die Gesinnungsfreiheit nicht sehen!

Mauern werden von den Unsicheren, Ängstlichen und Zweifelnden - aus deren Perspektive - zum Schutz und zur Abwehr genutzt. Blickt man dieses Konstrukt dann allerdings von außen an, so lässt sich schnell attestieren, dass sich jemand - vielleicht sogar bewusst - in seiner panischen Reflexhaftigkeit jedwede Weitsicht verbaut hat. Natürlich kann man in einer My home is my castle"-Manier sein Dasein zwischen dicken Wänden fristen.

Konfrontation mit der Realität bleibt sodann allerdings aus - und erklärt auch einigermaßen gut, weshalb man sich irgendwann von der Wirklichkeit umzingelt fühlt. Stattdessen lebt man in einer eigenen Welt der Vorurteile, Behauptungen und Unterstellungen - und pflegt in der Dunkelheit der eigenen ideologischen Verfestigung, ohne jegliches Sonnenlicht von außen, das Philosophieren über Traumwelten von einer Gegenwart der Homogenität und des Einheitsbreis. Eine Gesellschaft, in der alle abnicken und zustimmen zu dem, was man sich im Wolkenkuckucksheim ausdenkt. Die Berührung mit der Stimmung außerhalb dieses Elfenbeinturms wird auch deshalb krampfhaft unterbunden, weil sie Spuren von Selbstkritik und Erkenntnis enthalten könnte. Weshalb soll man sich auch mit dieser Komplexheit der Demokratie auseinandersetzen, wenn man doch die Einfachheit einer auf die eigene Weltanschauung zugeschnittenen Illusion haben kann.

Dass man in diesem Kerker der gegenseitigen Bestätigung nicht auf Widerspruch stößt, mögen die dort Innewohnenden als wohlig warm empfinden. Für den Betrachter in der Metaebene bleibt letztlich nur Kopfschütteln über das, was sich hinter den moralisch gesetzten roten Linien abspielt: Da treiben nicht nur Diffamierung, Brandmarkung und Beleidigung gegen das vermeintlich Böse und Falsche seltsame Blüten. Sondern auch das Modell der Repräsentativität wird von denjenigen in Frage gestellt, die in ihrer wirren Naivität über das "Wir verbieten jetzt schnell einmal die AfD, damit die Umfragen

wieder so aussehen, wie wir das möchten"
relativ simpel davon ausgehen, dass unsere
Verfassung durch Zeitgeistigkeit beugsamen
sei. Die Luft der Freiheit und den Duft von
Meinungsvielfalt schnuppern nur die, die
sich eben nicht einkesseln in irgendwelche
Glashäuser politischer Korrektheit und
Gutmenschlichkeit.

Und auch die Überzeugung, dass die
klügsten Antworten für unser Land nur dort
reifen können, wo sie mit der Tatsächlichkeit
in Berührung kommen, können nur
diejenigen erlangen, die sich losmachen von
der Utopie einer Verwirklichbarkeit
mundgerechter Volksverdummung. Der
Bürger mit einem wachen Verstand und
einem Geist des Wettbewerbs um die
besten Lösungen hat längst erkannt, dass die
Toxizität nicht von der Alternative für
Deutschland ausgeht. Sondern von einem in
sich brütenden Nest der Kakistrokraten.

Die deutsche Energiewende ist nicht nur widersinnig, doppelmoralisch und ideologisch gesteuert, sondern auch weit entfernt von jeder Nachhaltigkeit. Diese würde nämlich erfordern, jede politische Entscheidung in dieser Richtung in all ihren Facetten und Konsequenzen zu durchdenken. Doch daran kann und will die Ampel auch deshalb nicht denken, weil die grüne DNA es verbietet.

Da ist einerseits der Geburtsfehler dieser Partei, die sich in einer derartigen Verblendung und Verbohrtheit gegen die Atomkraft gestellt hat, dass jeglicher Versuch der Argumentation aussichtslos bleibt. Während Habeck die uralten Meiler mitten im Kriegsgebiet in der Ukraine lobt, werden unsere Reaktoren abgebaut. Denn Merkel hatte in einer nächtlichen Hau-Ruck-Maßnahme auf einen Tsunami im fernen Fukushima reagiert, mit dem sie letztlich dem Zeitalter der zivilen Nutzung der Kernenergie in der Bundesrepublik den

Todesstoß gab - und damit sogar als
Physikerin auf die Propaganda hereinfiel,
dass die die Landschaft verschandelnde,
Tiere bedrohende und das Gleichgewicht
von Flora, Fauna und Habitat massiv
zerstörende Solar- und Windkraft der Natur
und Umwelt zuträglicher wäre als die
modernsten AKW, die nahezu keinerlei
negative Auswirkungen auf das
atmosphärische Geschehen haben. Schon
damals hätte eine solide Berechnung
ausgereicht, um zu der Erkenntnis zu
kommen, dass wir mit den sogenannten
Regenerativen bei weitem nicht den
energetischen Bedarf decken können, der
für ein gewisses Maß an Erhaltung des
aufgebauten Wohlstandes und der
wirtschaftlichen Leistungsfähigkeit
notwendig wäre.

Schlussendlich sind wir nun in der Perversion
gelandet, Kohle bis auf Weiteres
heranziehen zu müssen, damit
Energiestabilität gewährleistet werden kann.
Die luftverpestende Gewinnung von Strom
auf diesem Weg führt jegliche
Transformation ad absurdum.

Und auch das mit Scheuklappen behaftete Setzen auf Wärmepumpen oder Elektroautos als Allheilmittel ist ein Reinfall für die Ökologie. Für ihre Herstellung benötigen wir in großem Maße seltene Lebensgrundlagen, die Entsorgung ist immens ressourcenverbrauchend und teuer. Und ihre Effizienz bleibt bis heute in der breiten Fläche unbewiesen. Und über alledem steht noch immer die von der Wissenschaft weiterhin nicht widerspruchsfrei aufgestellte CO2-Hypothese, die als inszeniertes Damoklesschwert über uns hängt und uns auf die drohende Apokalypse aufmerksam machen sollen, wenn wir nicht umsteuern.

Die Einen nennen es Verschwörungstheorie, die Anderen lediglich Vernunft, wenn man auf den nicht völlig absurden Gedanken kommt, dass uns ein vermeintlicher Konsens über die anthropogene Ursache vom Klimawandel lediglich deshalb als Wahrheit verkauft wird, weil er dazu geeignet ist, in einer moralisierenden Weise die Bevölkerung und Ökonomie zu einer Denkens- und Verhaltensänderung zu nötigen, die ganz im Sinne einer lobbyistischen Erneuerbarenindustrie ist - und daneben auch noch Grundlage für eine Erosion der repräsentativen Demokratie in Richtung oligarchischer Strukturen sein kann.

Wie bei jeder ideologischen Weltanschauung gibt es natürlich auch beim Kapitalismus die große Gefahr des Exzesses. Wer ihn ins Extreme und Absurde treibt, vernachlässigt den notwendigen Ausgleich zwischen individueller Freiheit und gemeinschaftlicher Unterstützung. Der Wunsch nach unreguliertem Neoliberalismus, welcher ohne staatliches Eingreifen auskommt, lässt sich letztendlich nur in anarchischen Staatsformen umsetzen. Die Demokratie ist hierfür deshalb nicht geeignet, weil sie den berechtigten Anspruch an den Dialog der widerstreitenden Interessen stellt.

Da mag es das Gewinnstreben von Unternehmen oder Einzelpersonen auf der einen Seite sein, dem gegenüber in einem endlichen und begrenzten Miteinander auf einem Kontinent oder in einem Land das Ansinnen steht, schuldloses Schicksal unter dem Gesichtspunkt der Mitmenschlichkeit und Humanität zumindest insoweit zu kompensieren, als dass eine das würdige

Bestehen sichernde Solidarität der Bessergestellten gegenüber denjenigen auf der Schattenseite des Lebens geübt wird. Denn solange wir in Gemeinschaften leben und für das Wettmachen eigener Unzulänglichkeiten zuletzt auch auf Fertigkeiten, Engagement und Einsatz anderer zurückgreifen müssen, ist Wohlstand fairerweise teilbar.

Anders wäre es, wenn wir außerhalb von Gesellschaft und Kulturen unabhängig und unangewiesen ohne jegliche fremde Hilfe unser Dasein bewältigen würden. Doch das gelingt gerade auf einem glücklicherweise sozialisierten Erdball kaum - auch dann nicht, wenn sich immer mehr Egoisten in ihr Schneckenhaus (heute Bubble genannt) zurückziehen. Gleichsam gilt ebenso, dass unser oftmals mit Klischees und Vorurteilen behaftetes Bild vom Linksseins mittlerweile überholt ist. Denn natürlich gehört es zu einem Verständnis von Wandel, Progressivität und Oppositionismus eindeutig dazu, auch auf das zu hören, was die unzufriedene und rebellierende Gesellschaft der Gegenwart bewegt – und woran die Politik ihrer Meinung nach krankt.

Veränderung bedeutet manchmal eben auch, zu einer Umkehr zum Bewährten bereit zu sein und Regeln oder Konventionen wiederherzustellen, die der Zeitgeist und die "Mode streng getheilt" haben (vgl. Schillers "Ode an die Freude"). Das Ansinnen des Sozialismus war es ursprünglich, die Rechte von Arbeitnehmern, Arbeitern und Schwachen in der eigenen Gemeinschaft zu stärken. Ungerechtigkeiten auszuräumen und den Exzess der Klassen abzuschaffen, bezog sich vorwiegend auf die Situation im jeweiligen Land.

Der Anspruch an Internationalismus bedeutete nicht, grenzenlose Solidarität mit allen Unzufriedenen der Welt zu zeigen. Viel eher war es die Intention des Pazifismus, der völkerverbindend sein sollte, im Geist zu vereinen, sich aber nicht von der Globalisierung geißeln zu lassen. Das Aufspringen auf Trends und Entwicklungen hat ebenso wenig mit den Wurzeln der linken Bewegung etwas zu tun wie die Vorstellung, Fortschritt lasse sich allein mit Überwindung erzielen. Wenngleich sie die Systemfrage gestellt, so war sie doch nie losgelöst von Vernunft und Pragmatismus.

Natürlich lebt sie von der Utopie der Gleichheit. Aber sie hat sich gerade aufgrund der Erfahrung des Scheiterns realpolitischer Verwirklichung ihrer Konzepte besonnen, keine Transformation mit der Brechstange erzwingen zu wollen. Linkssein ist zwar verbunden mit der Ideologie, das Miteinander durch den Abbau von Gegensätzen fairer zu machen.

Doch es wäre eine falsche Annahme, dabei in Beliebigkeit oder Willkür zu verfallen. Denn eine Anarchie der unendlichen Selbstverwirklichung und Individualität gehört gerade nicht zu ihren Ansinnen. Stattdessen war sie einst ein Verfechter, sich nicht vom Reiz des Mainstreams mitreißen zu lassen - sondern einen Kontrapunkt zur identitätspolitischen Wachsamkeit des Gutmenschen zu setzen. Gerade dieser Aufgabe wird die Linke nicht mehr gerecht.

Man hatte uns doch gelehrt, dass es keine Einwanderung in unsere Sozialsysteme gebe. Dass Migranten nicht aus Gründen unserer Rundumversorgung zu uns kommen. Und dass sie alle integriert werden, Steuern zahlen und Arbeit aufnehmen.

Beim Lesen der aktuellen, dem zuwiderlaufenden Erkenntnisse bleibt denjenigen, die mit ein wenig Skepsis und Distanz zu all dem stehen, was uns dieser Tage durch die Wissenschaft verkauft wird, nur das typische Oh! Nein? Doch.

Denn man braucht doch nur ein wenig Menschenverstand, um zu begreifen, wonach es nicht evolutionär angelegt war, dass sich immer mehr Individuen in Richtung eines Kontinents aufmachen. Denn auch er ist nichts Anderes als ein großes schwimmendes Boot im Ozean, das irgendwann einmal Schlagseite bekommt, wenn es überladen wird.

Dass in manchen Gesellschaften die Zukunft nicht mehr allein dadurch gesichert werden kann, dass Fortpflanzung den Bestand der Bevölkerung auf einem stabilen Niveau reguliert, dürfte insbesondere in der Moderne kein Geheimnis sein.

Dieses Defizit mit offenen Grenzen ausgleichen zu wollen, über die man am Ende keine Kontrolle mehr hat - und mit der immer neuen Botschaft der ausgestreckten Arme eine Sogwirkung erzielt, welche für diesen Planeten, aber insbesondere auch für unsere Nation, zu einer Überlastung, zu einem Schiefstand und zu einer Spaltung innerhalb unserer eigenen Reihen führt, weil eine vernünftige, sich den Gesetzen und der Logik von Verstand und Pragmatismus verschriebene Mehrheit eben nicht das Existenzminimum und den Daseinsstandard all derjenigen erfüllen kann und will, die sich in dieser Welt mit dem Lebensschicksal einer möglichen sozialen oder wirtschaftlichen Ungerechtigkeit konfrontiert sehen. Es ist schlichtweg nicht leistbar - auch nicht für ein vergleichsweise reiches Land. Es fehlt dauerhaft nicht nur an Infrastruktur, Personal, finanziellen und materiellen

Ressourcen, sondern vor allem an der Bereitschaft zum barmherzigen Samariter, zum Retter der Armen. Natürlich wünscht man sich das Paradies auf Erden für jeden, doch das kann es nicht geben. In dieser einfachen Erkenntnis der Realität, aber auch im Bewusstsein, dass es nicht funktionieren kann und soll, eine Gemeinschaft mit verbindenden Wurzeln, Traditionen, Werten und Normen immer weiter zu heterogenisieren und erodieren, muss das Projekt von Multikulturalismus nicht nur für gescheitert erklärt werden, sondern auch für völlig abwegig.

Denn der Wunschtraum der vollständigen Pluralität und Vielfalt, der ungebremsten und immer zügigeren Durchmischung von Ethnien und des Aufbrechens von Konventionen hat nichts mit Toleranz, Nächstenliebe, Solidarität oder Antidiskriminierung zu tun, sondern allein mit dem Selbsthass gegen die eigene Herkunft. Wer die persönliche Identität verleugnet, weil er in Scham vor der Vergangenheit zurückliegender Generationen oder in einer Patriotismusangst ein Bekenntnis zu seinem

Heimatgefüge unterbindet, verdrängt die Perspektive, dass es dieses Haus ist, welches ihm Halt, Schutz und Geborgenheit gegeben hat. Und natürlich dürfen wir Gäste empfangen, dagegen spricht nichts. Besonders dann nicht, wenn sie sich am Haushalt beteiligen, sich an die aufgestellten Gruppenregeln halten und respektieren, welchen Status sie hier besitzen. Das gilt vor allem für die, die bedürftig sind.

Die tatsächlich geflohen sind, die ein Anspruch darauf haben, dass ihnen begründetes Obdach zur Verfügung gestellt wird. Aber wer die Türen nicht vor denen verschließt, die mit unguten Absichten eindringen wollen, weder klingeln noch klopfen, sondern sich Zutritt verschaffen, ohne sich ausweisen oder an Vorgaben halten zu können, der scheint nicht nur das Risiko zu lieben, sondern auch des zivilisatorischen Harakiris nicht abgeneigt.

Was bleibt vom Gleichgewicht der Kräfte in einer auf Gutmenschlichkeit getrimmten Demokratie?

Es hat nicht mehr viel mit Demokratie zu tun, wenn man die für eine Volksherrschaft charakteristische, prägende und notwendige Freiheit als einen Grundwert ständig beschneiden und ihr die Luft zum Atmen nehmen möchte. Stattdessen ist es das sich von totalitären Systemen unterscheidende Bekenntnis zum Ringen der politischen Kräfte um die besten Antworten für das Land, das unsere Staatsform ausmacht. Das Ausbalancieren der Gewichte gehört somit zu den entscheidenden Wesensmerkmalen dieser Idee eines Wettbewerbs um die überzeugendsten Lösungen für die Probleme und Herausforderungen der Zeit.

Doch statt sich dieser Errungenschaft aus der Überwindung zweier Weltkriege ehrlich bewusst zu werden, bemühten sich das Establishmeht und nicht wenige Presseorgane in der Republik momentan um ein kollektives Ablenkungsmanöver der bürgerlichen Aufmerksamkeit. Weg vom Versagen einer idiokratischen Regierung -

hin zu einer Beschäftigung mit den Möglichkeiten und Chancen, einen ungeliebten Gegner durch eine rechtliche Anordnung mundtot machen zu wollen. Dass das Bundesverfassungsgericht aber bereits in seinem Urteil zum NPD-Verfahren eindeutig festgestellt hat, dass es in Deutschland keine Grundlage für ein Gesinnungs- und Meinungsverbot gibt, interessiert diejenigen wenig, die in der puren Angst vor den nächsten Umfragen und einem vorzeitigen Ende ihrer Macht jeden Strohhalm umklammern - und sei er noch so realitätsfern, argumentationslos und gutgläubig.

Denn es dürfte auf absehbare Zeit eben nicht dazu kommen, dass dieses schärfste Schwert unserer Grundordnung dafür genutzt wird, eine politische Kraft zu untersagen. Abgesehen davon, dass man - wie bei allen Projekten der Ampel - in einer beispiellosen und gerade nicht nachhaltigen, unüberdachten und uninformierten Herangehensweise keinerlei Zweck benennen kann, den solch ein Schritt abseits einer enormen Sprengkraft für das Miteinander im Ergebnis überhaupt haben sollte. Denn mit dem Unterdrücken von Strukturen ist eben kein Versagen von Denken und Sympathisieren mit einer bestimmten Weltanschauung verbunden, die bei distanzierter Betrachtung und ohne ideologische Aufladung zunächst auch gar nichts Verwerfliches an sich hat.

Abgesehen davon, dass es diesem "Rechtsextremismus" an einer konsensualen Definition fehlt. Vielmehr ist er nicht zwingend mit einer Verfassungsfeindlichkeit gleichzusetzen. Einigermaßen von Vernunft und Verstand geprägten Menschen wäre es bei physikalischen Grundkenntnissen einsichtig, dass man mit dem Verschließen eines Dampfdrucktopfs bei gleichzeitigem Belassen der Energiezufuhr auf höchster Stufe das größte Unglück anrichtet.

Statt sich endlich der Regulierung vom Feuer zuzuwenden und eine Politik zu beenden, die einer mittlerweile erkennbaren Mehrheit der Deutschen nicht nur gegen den Strich geht, sondern sie verbittert, verzweifelt, enttäuscht und verärgert macht, will man diejenigen diffamieren und düpieren, die in der Lage wären, die Hitze aus dem Kessel zu kanalisieren - und damit zur Wiederherstellung einer gesellschaftlichen Balance beizutragen. Wer einmal bemüht ist, sich nicht nur mit den Voraussetzungen für ein Parteiverbot vertraut zu machen, sondern auch die Programmatik der AfD mit einer Unvoreingenommenheit durchzulesen, wird nur an wenigen Stellen auf den Gedanken kommen, dass man mit dem dort Formulierten und Gesagten an die Grenze dessen geht, was unser Gemeinwesen juristisch und ethisch auszuhalten in der Lage ist.

Stattdessen werden in diesen Positionen bis vor einiger Zeit noch als Normalität angesehene Zustände der Regelhaftigkeit und Gesetzestreue als Ziel dargeboten. Und manche Selbstverständlichkeit, die eigentlich unstrittig wäre, würde sie nicht von Gutmenschlichkeitsgetöse lärmend überstimmt, verzerrt, verdreht oder skandalisiert. Es mutet als zivilisatorische Bankrotterklärung unseres Land an, dass sich der Maßstab für Pragmatismus und Rationalität durch woke Moralisierung in ein unerträgliches Maß von Korrektheit verschoben hat. Nur so ist es letztendlich

möglich geworden, dass Zweifel an der
Selbstregulierungskraft unserer
demokratischen Strukturen selbst bei
denjenigen verfangen konnten, die bislang
des eigenständigen Reflektierens mächtig
waren. Doch dass das Austarieren der Kräfte
trotz linkswoker Lenkungsversuche und
ökosozialistischer Eingriffe weiterhin
funktioniert, das zeigt die Volatilität und
Schwingungsfähigkeit in Umfragen und
Wahlergebnissen. Und daran wird sich nach
meinem Dafürhalten auch nichts ändern,
weil sowohl der juristische wie der mediale
Versuch der Beschränkung von politischer
Vielfalt nicht gelingen wird.

Warum soll eine bisher in all ihren Varianten gescheiterte Planwirtschaft plötzlich in einer grün angestrichenen DDR 2.0 funktionieren? Weil sie durch Greta und Luisa abgesegnet und von Robert und Annalena umgesetzt wird? Natürlich wird und muss die kommunale Wärmeplanung für massive Probleme vor Ort sorgen, für entnervte Handwerker, für empörte Bürger und für überforderte Verwaltungen. Denn ein von oben diktiertes Konzept wird in der Peripherie schon allein deshalb Unfrieden auslösen, weil die unterschiedlichen Interessen der verfassungsrechtlich geschützten Eigentümer diametral auseinanderlaufen werden.

Denn auch wenn man in der erzwungenen Transformation vor allem auf das Allheilmittel der Wärmepumpe setzt, so haben selbst ökologistisch eingenommene Bundesbehörden mittlerweile eingestanden, dass diese Heizungsform eben nicht in allen Alt- und Bestandsbauten realisierbar sein wird. Und obgleich die FDP es zugelassen hat, dass die Technologieoffenheit nahezu bis zur Unkenntlichkeit degradiert wurde, so besteht zumindest noch eine gewisse Auswahlmöglichkeit: Da geht es um Pellets, um Elektroheizungen, um Fernwärme, um den Einsatz von Photovoltaik, Ideen zur Nutzung des Wasserstoffs, von Biogas und natürlichen Brennmitteln.

Zentralisierung lässt sich zumindest in unserem derzeitigen demokratischen System nicht verwirklichen. Denn bisher obliegt die Entscheidung, wie der einzelne sein Haus warm bekommt, noch immer dem Besitzer. Solange wir nicht enteignet und entrechtet sind, kann uns der Staat zwar mit Pflichtberatungen und Fehlanreize bietenden Subventionen gängeln und in eine bestimmte Richtung drängen.

Es gibt aber eben glücklicherweise nicht die eine Lösung für alle. Dass das in den Köpfen einer von Ideologie geleiteten Politikergeneration nicht ankommt, die offenbar doch wieder Sympathien für das Modell der Autokratie hegen, versteht sich von selbst. Eine völlig unnötige und international seinesgleichen suchende Erneuerung mit der Brechstange, die der

Innovation keine Luft zum Atmen mehr lässt, sondern einen gelenkten Umstieg auf doppelmoralische Alternativen erzwingen will - welche sich am einfachen Beispiel der aktuellen Stromknappheit in Baden-Württemberg eindrucksvoll selbst als nicht realisierbar demaskieren -, kann nur schädlich für Wohlstand, Fortschritt und Prosperität sein.

Denn sie verursacht eine künstlich herbeigeführte Ressourcenknappheit und einen Nachfrageüberhang, welcher sich nicht mit die Landschaft verschandelnden Windrädern oder die Fläche zu kargen Panelenwüsten machender Sonnenenergie kompensieren lässt.

Wer stattdessen auf ein Austarieren der Kräfte und Gewichte in einem offenen Wettbewerb der verschiedenen Angebote vertraut - und darüber hinaus Forschung und Entwicklung Raum und Zeit für neue Ideen und Visionen gibt, wird nicht nur der Umwelt langfristig deutlich mehr Gutes tun als eine hysterische Politik der anvisierten Klimaneutralität.

Viel eher dürfte dann auch der
gesellschaftliche Frieden gewahrt bleiben,
den wir mit der Marktwirtschaft bisher stets
zu halten in der Lage gewesen sind.

Wenn ich mit der Aussicht auf die Wahl in den USA blicke, dass möglicherweise ein Amtsinhaber erneut ins Weiße Haus einziehen könnte, der mit seinen verwirrten, stolpernden und desorientierten Auftritten auf mancher Bühne schon heute Anzeichen progredient seniler Ausfälle erahnen lässt, wäre für mich in dieser Konstellation eindeutig eine Neuauflage von Trump die bessere Alternative.

Nein, ich bin vom Orange-Schopf nicht wirklich begeistert oder überzeugt - und auch ein wirkliches politisches Konzept kann ich nicht bei ihm erkennen. Doch eine weitere Legislatur würde in jedem Fall wieder manch komödiantischen Moment liefern - der bedeutend erheiternder wäre als der Anblick eines gebrechlichen alten Mannes, der um Worte ringt, ständig unterstützenden Augenkontakt sucht und in der Hilflosigkeit vermehrten Honigs im Kopf manchmal nur noch starr in die Umwelt schaut.

Man kann und darf Trump seine vielseitigen Verfehlungen, seine Dreistigkeit und seine Egozentrik zum Vorwurf machen. Doch blickt man auf die Geschichte, so ist er eine bedeutsame Ausnahme in der Reihe der Präsidenten, die stets am Kurs festgehalten haben, Amerika als den Weltenretter und Moralpolizisten zu profilieren - und in einen Konflikt nach dem nächsten einzugreifen, aufklärerische Werte in anderen Staaten aufoktroyieren zu wollen oder aus eigennützigen Interessen in aller Herren Länder für den Ausbruch von Krieg zu sorgen.

Dass sich endlich einmal jemand findet, der nicht mit der Expansion einer Gesinnung beschäftigt ist, sondern mit der klaren Hinwendung auf die Probleme im eigenen Land, das würde auch unserem internationalen Sicherheitsgefüge guttun. Denn auch wenn die Ansage einigermaßen selbstherrlich klingt, dass es unter Trump nie zur militärischen Auseinandersetzung zwischen der Ukraine und Russland sowie zur Gewaltspirale im Nahen Osten gekommen wäre, so kann man doch zumindest darauf vertrauen, dass es außenpolitisch deutlich ruhiger würde.

Ob es für die USA intern einen tatsächlich positiven Effekt hätte, wenn jemand an die Schalthebel der Macht zurückkäme, dem man zumindest Aufwiegelung und Polarisierung vorwerfen muss, bleibt für Beobachter einigermaßen schwer einzuschätzen. Einen vollkommen befriedenden Charakter hat er in Sachen Verständigung des eigenen Volkes sicher nicht.

Aber er würde doch zumindest einen nicht unerheblichen Teil der Nation mit ihrem Wunsch nach "America first" repräsentieren, welchem man mit ein wenig Hingabe für das eigene Land auch nicht widersprechen kann. All die düsteren Prognosen aus dem Rest der gutmenschlichen Hemisphäre, wonach nach Klimaapokalypse und Bauernaufstand mit einer Wiederwahl von Trump der nächste Weltuntergang bevorstünde, teile ich nicht. Denn diese Szenarien sind nur dann ein Schreck, wenn man sich vor Vernunft und Demokratie fürchtet.

Durch seine Weigerung, in der Ukraine auch während des Krieges Wahlen durchzuführen, hat Selenskyj die Möglichkeit unterdrückt, dass der Bürger über seinen Kurs der beständigen Eskalation und des Vorgaukelns von Erfolgen an der Front abstimmt. Momentan lässt sich kein klares Stimmungsbild erheben, inwieweit die Bevölkerung weiterhin hinter der Strategie steht, auf Teufel komm raus den Feind auf dem Schlachtfeld militärisch zu übermann. Eine Utopie, die sich jeden Tag neu als Traumphantasie von Kiew herausstellt - denn mittlerweile sind die Kämpfe derart festgefahren, dass es nur noch darum geht, Stellungen zu halten. Von Offensive kann keine Rede mehr sein, stattdessen werden Menschen und Material verpulvert.

Und natürlich baut der Präsident eine Scheinwelt auf, die dem Land suggeriert, man erziele heroische Fortschritte gegen Russland. Das Gegenteil scheint eher der Fall zu sein. Im Zweifel hat Moskau bewiesen, dass es dazu bereit ist, mit deutlich mehr Angriffen gegen die Infrastruktur und die besetzten Gebiete vorzugehen - aber auch, weitere Regionen im Landesinneren zu erobern. Man fragt sich durchaus, ob das alles nötig ist, allein um der Erfüllung von Wünschen eines Machthabers willen, der gegen den Kreml eine verständliche Rachsucht hegt, aber mittlerweile weniger auf den Willen seiner Landsleute hört. Denn immer öfter werden Wehklagen aus dem Donbass und angrenzenden Abschnitten laut, die doch nichts mehr wollen als einen Frieden - und ganz selbstständig, ohne äußere Einflussnahme aus der Hauptstadt oder dem Westen, über ihre Zukunft entscheiden möchten.

Wird dieser Konflikt also deshalb nicht beendet, weil man Sorge davor hat, dass sich nicht wenige Zivilisten für eine nicht mehr zwingend dem ukrainischen Territorium zuzurechnende demilitarisierte, autonome Zone aussprechen würden - wenn im Gegenzug das Sterben und Leiden ein Ende hat? Natürlich wäre es ein fatales Signal, wenn wir Grenzen durch Gewalt verschieben lassen. Doch muss nicht manchmal der Pragmatismus siegen, der bei nüchterner Betrachtung zu dem Schluss kommt, dass

jeder weitere gefallene Soldat ein Verlust ist,
den man hätte vermeiden können - wenn
man sich zumindest bereit gezeigt hätte, auf
diplomatische Initiativen einzugehen, die es
in der Vergangenheit ja durchaus gab?

Natürlich kann man diese
Auseinandersetzung weiter prolongieren,
allein aus Prinzipien heraus. Allerdings kann
man sich auch mit Blick auf die jüngere
Geschichte fragen, inwieweit der Darstellung
doch gewisse Wahrhaftigkeit anhaftet,
wonach seit dem Putsch und den Vorgängen
auf dem Maidan eine westlich indoktrinierte
Einflussnahme auf das gesamte Volk
vorherrscht, die man gerade im dortigen
Süden und Osten ablehnt? Nein, man darf
dem imperialistischen Gebaren von Putin
nicht auf den Leim gehen, der schlichtweg
davon redet, man wolle das Land von Nazis
befreien. Aber ein Quäntchen Ehrlichkeit
wäre vielleicht geboten, blickt man
authentisch und ohne NATO-Brille auf das
Empfinden der Ukrainer, die sich eben nicht
Europa hingezogen fühlen. Sie sollten ein
Recht darauf haben, sich in freier
Meinungsäußerung gegen die Linie von
Selenskyj stellen zu können.

Die einzige Notlage, die ich im Augenblick erkennen kann, liegt mit Blick auf die Migrationskrise vor. Den weder der Klimawandel, noch der Ukraine-Krieg und schon gar nicht der Nahost-Konflikt haben eine derart akute, konkrete und unmittelbare Auswirkung auf die deutsche Sicherheit und Ordnung, dass sie den Ansprüchen an der im Grundgesetz formulierten Definition eines Notstandes gerecht werden würden. Immerhin liegt bei all diesen Themen keine gegenwärtige Gefahrenlage oder Bedrohung vor.

Wer sich eine solche zusammenspinnt, um eine Begründung für neue Kreditaufnahmen vorweisen zu können, beugt die Verfassung nach Belieben. Ich gebe zu, ich bin kein Freund der Schuldenbremse, weil ich sie aus wirtschaftstheoretischen Aspekten und den internationalen Erfahrungswertungen für ein überholtes Instrument halte, das aus der typisch deutschen Penibilität erwachsen ist. Es braucht in manchen Situationen mehr

Geld für Investitionen, als es das Bankkonto hergibt. Auch momentan ist das der Fall. Doch bevor man an der Einnahmenseite werkelt, muss man stets die Ausgaben überprüfen. Und eigentlich scheint dabei die Richtung nach dem Urteil aus Karlsruhe klar zu sein, denkt man.

Denn die Richter haben deutlich gemacht, dass gerade die von den Grünen vorgesehenen Maßnahmen zur Transformation und für einen wirtschaftlichen Aufschwung ungeeignet sein dürften. Gerade deshalb müssen sie hinterfragt werden - und gegebenenfalls dem Rotstift zum Opfer fallen. Insofern ist ein Streichkonzert bei den Leuchtturmprojekten der Ampel der erste Schritt. Über den Fortbestand der Schuldenbremse kann anschließend diskutiert werden.

Und dann braucht es auch nicht mehr den zwanghaften Versuch des Herbeiredens von Notlagen. Denn mit solch einer Praxis würden wir uns gerade mit dem Aktionismus der fanatischen Klimabewegung gemein machen, die dazu bereit ist, weitere

Unsummen in Schwarze Löcher zu schütten - weil sie von der irrigen Annahme getrieben wird, Deutschland habe entscheidenden Einfluss auf die Erderwärmung. Das haben wir genauso wenig wie auf den Ausgang der derzeit laufenden militärischen Auseinandersetzungen in aller Welt. Wir übernehmen uns mittlerweile regelmäßig in einem nahezu narzisstisch-histrionischen Persönlichkeitsverständnis, sind bemüht, Streber zu sein - und merken dabei nicht, wie wir uns zum Klassenclown machen.

Aus der Ampel heraus sprudeln immer neue Vorschläge für weitere Steuern und Abgaben. In einer maßlosen Dreistigkeit lassen Scholz, Habeck und Lindner die Bürger weiterhin für ihr eigenes politisches Versagen bluten. Mit ihrer Inkompetenz, Böswilligkeit und Überheblichkeit beim Stricken des Nachtragshaushalts 2021 und dem bewussten Eingehen dessen erwartbarer Grundgesetzwidrigkeit wurde ein milliardenschweres Loch billigend in Kauf genommen, das nun durch unterschiedliche Akteure in diesem Land gestopft werden soll.

Dabei ist es vornehmlich deshalb zustande gekommen, weil man die Unsummen für klimafanatische Prestigeprojekte der Grünen benötigt, die nichts Anderes darstellen als den Versuch, dem Bundeswirtschaftsminister noch rasch Denkmäler zur späteren Anbetung durch die Ökosozialisten zu errichten. Weiterbringen werden diese Vorhaben Deutschland in keiner Weise. Und auch das Klima wird sich unbeeindruckt zeigen, dass wir immer neues Geld in unsinnige Transformationsabsichten stecken, deren Sinnhaftigkeit mit Bezug auf unsere wirtschaftliche Prosperität nicht zuletzt auch das Bundesverfassungsgericht in seinem Urteil zum oben genannten Budget deutlich infrage gestellt hat.

Dass wir heute in dieser eklatanten Weise sparen müssen, ist also allein auf das Ansinnen des bewussten Ruinierens unseres Landes zurückzuführen. Man hat sich nicht nur naiv völlig überhoben mit all den unterschiedlichen Investitionen in den vermeintlichen Fortschritt. Sondern man hat offenbar ohne Scham frühzeitig jeglichen Überblick darüber verloren, was sich die Bundesrepublik mit Blick auf einen Wandel in Richtung mehr Ressourcenschonung, Schöpfungsbewahrung und Umweltschutz leisten kann - und was darüber hinaus auch vernünftig ist. Wir sind noch immer getrieben von der fixen Idee der menschlichen Schuld an der Erderwärmung, auf deren Grundlage Rechtfertigung für einen obsessiven Umbruch in unseren bewährten Lebensformen und ökonomischen Erfolgen gesucht wird.

Wir sind mit diesem Kurs aber kein Vorreiter, sondern ein Verlierer. Denn die ideologische Verengung auf anthropogene Kausalitäten der perspektivischen Wetterveränderung ist dazu geeignet, jeglichen Menschenverstand auszublenden - und eine Gesellschaft in die moralische Geiselhaft zu nehmen, ihr eine Strukturreform mit der Brechstange abzunötigen. Ob es nun die Bauern mit dem Verzicht von Subventionen auf den Agrardiesel sind - oder später einmal der Bürger, der unter dem Deckmantel des Tierwohls die Pleite der Koalition kompensieren soll:

Natürlich ist es nötiger denn je, gegen dieses Verständnis der Etablierten aufzubegehren. Sie machen den Steuerzahler zu einem zahnlosen Untertanen, der lediglich alle vier Jahre sein Votum abgeben kann - und anschließend ohne ernsthafte Möglichkeit der Partizipation die Narrenfreiheit ertragen muss, die sich der Elfenbeinturm in Verhöhnung des Volkes herausnimmt.

Als Flüchtlingshelfer geht es mir um die tatsächlich Schutzbedürftigen!

Ich habe als Flüchtlingshelfer und Integrationsberater seit mittlerweile acht Jahren viele in Deutschland ankommende Migranten begleitet, welche nicht nur eine hohe Bereitschaft zur Eingliederung, Anpassung und zum Respekt vor unsere Kultur, unseren Werten und unsere Demokratie gezeigt haben. Gleichermaßen erlebe ich immer häufiger auch Asylsuchende, welche eben keinen plausiblen, konkreten und nachvollziehbaren Fluchtgrund vorweisen können. Sie sind lediglich in die Bundesrepublik gekommen, weil sie davon gehört haben, dass man hier ein besseres Leben führen könnte.

Doch genau für diese Fälle wurde das Recht auf Schutz nicht erfunden. Weder internationale Konventionen noch unsere Verfassung sehen wirtschaftliche oder soziale Gründe als ausreichend an, um jemandem bei uns Asyl zu gewähren. Daher ist es völlig notwendig und richtig, dass wir diejenigen wieder zurückführen, die sich ohne eine Bleibeperspektive auf den Weg nach Europa gemacht haben - und oftmals im Wissen agieren, dass sie eigentlich keinen Anspruch auf einen Status haben.

Diese Form der illegalen Einwanderung, die oftmals gepaart ist mit einer Überschreitung der Grenze auf unser Territorium, ohne ein Recht auf Aufenthalt zu haben, ist auch unter humanitären Gründen nicht zu dulden. Denn sie ist ungerecht gegenüber denjenigen, die einen tatsächlichen Anspruch darauf haben, bei uns Obdach und Fürsorge zu erhalten.

Und das sind ausschließlich diejenigen, die in ihren Heimatregionen verfolgt sind. Wer zudem die Feststellung der Identität dadurch verhindert, dass er "zufällig" auf dem Weg zu uns seine Papiere verliert oder sich von Beginn an gewaltsam und radikal zeigt oder zu Kriminalität neigt, obwohl er vor Unterdrückung geflohen sein will, fördert seine Glaubwürdigkeit über die Mitwirkungsbereitschaft an einem Asylverfahren nicht wirklich - und muss auch dann von einem Rechtsstaat im Zweifel eine klare Antwort erhalten.

Für all diese genannten Fallkonstellationen ist es die Aufgabe von Politik und Gesellschaft, aus Gründen der Sicherheit und Ordnung auf die Abschiebung und Ausweisung zu bestehen - und sie zu ratifizieren. Das ist nicht nur das im Grundgesetz legitimierte Gebot, sondern ein Akt der Fairness.

Wer also die Remigration zum Unwort des Jahres erklärt, richtet sich damit auch gegen die Einhaltung der bestehenden Gesetze und ihre konsequente Umsetzung. Schließlich versteht die Mehrheit der Bevölkerung unter dieser Begrifflichkeit nicht das, was vielleicht einzelne Personen der AfD, der Identitären Bewegung oder des tatsächlichen Rechtsextremismus damit verbinden.

Es geht nicht um die Ausbürgerung von fest bei uns integrierten Menschen - ob mit oder ohne Migrationshintergrund. Auch nicht um die Umkehr der Einwanderung von denjenigen, die sich in Deutschland um Beschäftigung bemühen, auf dem Arbeitsmarkt verfügbar sind und zum Wohlstand bei uns beitragen.

Umfasst sind ausschließlich diejenigen, die nach einem abgeschlossenen Verfahren kein Recht mehr darauf haben, länger in der Bundesrepublik zu verweilen. Wenn wir sie nicht mehr zurückweisen dürfen und diejenigen nicht an der Einreise hindern können, die ohne Aussicht auf einen Asylstatus oder eine Flüchtlingseigenschaft aus dem lediglichen Ansinnen heraus hierherkommen, in unsere sozialen Sicherungssysteme vorzudringen, geben wir uns nicht nur endgültig dem Kontrollverlust hin, sondern tun niemandem etwas Gutes.

Denn auch unserer personellen, finanziellen und strukturellen Ressourcen sind endlich - und müssen für diejenigen vorbehalten und gewahrt bleiben, die tatsächlich bedürftig sind. Das ist ein ethisches und moralisches Versprechen, dem auch die Gutmenschlichkeit mit ihren sie unterstützenden Sprachpolizisten und den Versuchen der Diffamierung einer konsequenten und geordneten Migrationspolitik bei einem ehrlichen Eingeständnis nicht widersprechen können.

Der sogenannte Bürgerrat bleibt ein fragwürdiges Instrument, das in unserer Verfassung weder derart ausdrücklich vorgesehen ist, noch eine hinreichende Legitimation besitzt. Denn durch seine auf einem deutlich zu wenig abgestuften Auswahlverfahren zustande gekommenen Zusammensetzung erfüllt er weder den grundgesetzlichen Auftrag der Repräsentativität, noch den Gleichheitsgrundsatz. Denn es konnte eben nicht jeder Wähler in einer direkten Stimmabgabe an der Besetzung dieses Gremiums mitwirken.

Stattdessen musste das Los entscheiden. Doch Zufall kann kein geeignetes Mittel sein, um in einer Demokratie Gremien mit Fürsprechern und Vertretern aus der Bevölkerung auszustatten.

Zwar besitzen sie lediglich beratenden Charakter, sind aber durch ihre Eingebundenheit in das System des Parlamentarismus zumindest nicht frei vom Vorwurf, auf die freie Ausübung des

Mandats des Abgeordneten Einfluss nehmen zu können. Im Übrigen sollte man sich ehrlich machen, wenn man es ernstmeint mit einer stärkeren Beteiligung der Menschen an Politik.

Dann können es nur geregelte Partizipationsmöglichkeiten sein, die überzeugen - und vor allem niederschwellig zugänglich sind, um inhaltlich verbindliche Eckpfeiler für die Regierenden einzuschlagen. Nebelkerzen wie solch ein gewürfeltes Miteinander aus Personen, die nach ersten Eindrücken von bereits wieder ausgeschiedenen Teilnehmern in diesem neu geschaffenen Format lediglich dazu zweckentfremdet werden, linksgrüne Ideologien mit ihrer Stimme zu untermauern und Argumente in die Welt zu tragen, die das Handeln der Ampel rechtfertigen und ihr einen Anstrich von Bürgernähe geben sollen, braucht in dieser Republik niemand.

Stattdessen fehlt es an direkt- und basisdemokratischen Elementen, um die unsere derzeitige Herrschaftsform ergänzt werden muss, um neue Glaubwürdigkeit, Authentizität und Transparenz herzustellen.

Denn die Verwundungen, die das rot-grün-
gelbe Bündnis in der Volksseele hinterlassen
hat, sind nicht durch Feigenblätter zu heilen.
Sie brauchen eine aufrichtige Therapie, die
den Menschen den Eindruck gibt, dass ihr
alle vier Jahre abgegebenes Votum nicht für
Narrenfreiheit missbraucht wird.

**Kein Grund zur Sorge:
Die Demokratie schwingt!**

Die aus dem Stand so hohe Zustimmung für das Bündnis Sahra Wagenknecht macht auch deutlich, dass die Stimmungslage im Land momentan überaus inkonsistent, fragil und mobil ist.

Die Wähler sind offenbar nicht allzu fest an ihre Entscheidung gebunden, fühlen sich nicht immer eindeutig zu einer bestimmten Partei hingezogen oder können sich als unverrückbares und unumkehrbares Stammklientel einer bestimmten politischen Kraft bezeichnen.

Stattdessen ist eine nicht unerhebliche Zahl an Bürgern in Bewegung, was die Zustimmung für bestimmte Konzepte und Programme anbelangt. Und das ist auch nicht verwunderlich: Durch eine enorm gestiegene Verunsicherung als Resultat der unzuverlässigen, dreisten und die Freiheiten der repräsentativen Demokratie zweckentfremdenden Ampel vertrauen die Menschen vor allem den Etablierten kaum noch.

Da scheint es auch relativ wenig zu stören, dass das BSW manch durchaus ideologisch fixierte Ansicht und Konzentration auf bewährte Bündnisse durch eine lagerübergreifende Kooperation zwischen Konservativismus und Sozialismus brechen, hinterfragen oder gar auflösen kann.

Und die Umfragen machen gleichermaßen auch klar: Das Schreckensbild der Alleinherrschaft der AfD zerbröselt in sich - und widerlegt alle Befürchtungen und Warnungen vor einem Ende der Balance unserer Staatsform, einer "Machtübernahme" oder gar Vergleiche zu 1933.

Das System ist - trotz vielseitigem Reformbedarf - weitgehend widerstandsfähig, gewünscht und jederzeit dazu bereit, sich neu zu ordnen. Bereits durch das Eingreifen neuer Gewichte korrigiert es sich und zeigt sich eben nicht derart verfestigt, wie es manch ein Schwarzmaler als Mahnung und Abschreckung vor einem bestimmten Kreuz auf dem Stimmzettel zeichnen mag.

Von reihenweise von Rechtsextremismus durchsetzen Wählern der Alternative für Deutschland zu sprechen, ist angesichts der neuen demoskopischen Erkenntnisse nicht nur unverantwortlich, sondern ein gezielter Versuch der Desinformation, Manipulation, Destabilisierung und Verunglimpfung des gerade nicht von naiver Radikalität - sondern geistiger Vitalität - heimgesuchten Souveräns. Viel eher bekommt die These ein neues Fundament, wonach es viele Unschlüssige im Land gibt, die vornehmlich aus Protest entscheiden - und weniger aufgrund einer verfestigten Überzeugung.

Die Schwingungsfähigkeit der Volksherrschaft beweist sich in ihrer stetigen Austarierung. Misstrauen gegenüber dem verantwortungsvollen Umgang mit der eigenen Stimme des Wählers muss niemand haben, der nicht von Böswilligkeit, Arglist, Angst und Hilflosigkeit getrieben ist - und deshalb als Kompensation des eigenen Versagens keine anderen Auswege als Brandmarkung und Etikettierung kennt.

Die CDU steht möglicherweise vor dem gleichen Problem, das auch Minister Habeck eingeholt hat: Sie könnte sich schon bald von der Wirklichkeit umzingelt fühlen, weil sie sich mit Brandmauern derart zugebaut hat, dass sie von der Realität kaum noch etwas mitbekommt. Unvereinbarkeiten hier, Kontaktscham dort: Schlussendlich haben die etablierten Parteien durch das gesamte Spektrum hinweg bis heute nicht verstanden, dass man mit Verboten, Diffamierungen und dem Einreden eines "Igitt"-Gefühls bei den Wählern nicht punktet. Im Gegenteil.

Denn in Zeiten einer aufoktroyierten Gutmenschlichkeit sind die Versuchung und der Reiz besonders hoch, sich mit dem vermeintlich "Bösen" zu solidarisieren. Statt sich zu fragen, weshalb es zwischen AfD-Mitgliedern, von Medien zu Rechtsextremen erklärten Identitären und Vertretern der Werteunion überhaupt zu einem möglichen "Geheimtreffen" gekommen ist, setzt man sich lieber schnell die Scheuklappen auf, denn man könnte ansonsten dazu aufgefordert werden, sich mit den eigenen Versäumnissen, Fehlern und einem massiven Nachholbedarf in Sachen rationaler, pragmatischer und überzeugender Lösungs- und Gegenvorschläge konfrontieren zu müssen. Dass viele Bürger in der Union keine glaubwürdige Option mehr sehen, um ein Kreuz bei der Alternative für Deutschland auf dem Stimmzettel obsolet zu machen, liegt nicht zuletzt daran, dass man gerade in der jüngeren Vergangenheit massive Zweifel hat aufkommen lassen, inwieweit man tatsächlich mit dem Politikstil von Angela Merkel gebrochen hat. Ihre damalige Naivität in Sachen Migrationspolitik bleibt für die Christdemokraten ein noch über viele Jahre hinweg anhaftendes Manko.

Insbesondere dann, wenn Linnemann mit dem Gedanken spielt, die Ex-Kanzlerin in das Wahlkampfteam von Merz zu holen - und Bosbach als Notlösung hervorgekramt wird, der von einem einstigen Hoffnungsträger zu einem Brandstifter gegenüber denjenigen Menschen geworden ist, die sich aus Überzeugung oder Protest zu ihrem demokratisch legitimierten Recht der freien Wahl der AfD bekennen.

Die nun bei der Vorstandsklausur entstandene Heidelberger Erklärung ist zwar einerseits eine Ansage, mit wesentlichen in der Kritik stehenden Entscheidungen der Ampel bei einer etwaigen Machtübernahme brechen zu wollen. Dafür braucht es aber nun einmal gestaltende Mehrheiten in Form einer Koalition, in der beide Partner dazu bereit sind, das Heizungsgesetz zurückzunehmen, das Bürgergeld zu reformieren und endlich eine konsequente Anwendung der geltenden Gesetze mit Blick auf die Flüchtlingskrise zu beschließen. Ob das mit einer im ökosozialistischen Gemenge der falsch verstandenen Humanität verhafteten SPD möglich sein wird, scheint angesichts des massiven Ansehensverlustes für die Partei durch die Kanzlerschaft Scholz mehr als fraglich.

Mit wem also soll eine entsprechende Programmatik umgesetzt werden können? Man steht am Scheideweg, Abgrenzungen nach links fallen zu lassen - und damit der Alternative für Deutschland weitere Prozente zuzuschustern. Oder sich zumindest dem Gedanken einer möglichen Minderheitsregierung anzunähern, in der wechselnde Bündnisse zu einer dem Wohl des Volkes gewidmeten Politik zurückfinden - und man sich in einzelnen sachpolitischen Entscheidungen auch nicht mehr der in einer Demokratie vollkommen, legitimen und weitsichtigen Unterstützung der AfD in Form loser, punktueller und begrenzter Zusammenarbeit verschließt. Denn möglicherweise mehr als 20, vielleicht sogar 30 Prozent der Wahlteilnehmer völlig außen vor zu lassen, kann in einer Volksherrschaft dauerhaft nicht funktionieren.

Es scheint manchen der "Guten", die in diesen Tagen ungeniert 2024 mit 1933 vergleichen, nicht einmal wirklich bewusst zu sein, wie verantwortungslos sie die dunkelsten Kapitel unsere Geschichte relativieren. Sie beweisen ihr fehlendes Vertrauen in unsere heutige Verfassung schon allein dadurch, dass sie die stabilen demokratischen Strukturen - welche in Konsequenz aus dem skrupellosen, brutalen und menschenverachtenden Regime damals implementiert wurden - ohne Mühe negieren.

Auch vernachlässigen sie einen authentischen Blick auf die Anbahnung des Aufstiegs von Hitlers NSDAP. Denn das System war zu jener Zeit, ganz im Gegensatz zu heute, durch die parteipolitische Diversifizierung der Weimarer Republik geschwächt - und durch eine in Teilen beträchtliche Auflösung der Lagerbildung innerhalb des Parteiensystems homogenisiert.

Aktuell gibt es trotz des Erstarkens der AfD weiterhin einen gewichtigen Gegenpol. Demokratische Schwingungsfähigkeit hat sich auch im vergangenen Jahr immer wieder dadurch bewiesen, dass die Wähler eben nicht leichtfertig entscheiden - und ihr Votum auch durchaus mit Blick auf die jeweilige Entscheidungsebene und die Rahmenbedingungen vor Ort die jeweiligen Folgen durchdenkend sorgfältig abwägen.

Auch die Stimmung im Volk ist kaum vergleichbar. Ging es in den 1920er- und 1930er-Jahren nicht zuletzt auch um vorrangig nationalistische Ziele und einen von blankem Rassismus und stupiden Überlegenheitsempfindungen getragenen Expansionismus, hegt man im Augenblick unter den Sympathisanten und Wählern der Alternative für Deutschland vor allem einen Widerstand gegen die Abschaffung von Freiheitsrechten, Mündigkeit und Souveränität der Bürger.

Im Gefüge mangelte es an den erst im bundesrepublikanischen Grundgesetz verankerten Lehren gerade aus der Zeit des Nationalsozialismus, welche ein derart einfaches Machtergreifen mittlerweile verhindern würden. Gewaltenteilung, umfangreiche Kontrollmechanismen und insbesondere der im Prozess der Einsetzung von Bundestag und Bundesregierung eine wesentliche Pufferfunktion einnehmende Bundespräsident in seiner unabhängigen Amtsbeschreibung sind wesentliche Argumente, die man eigentlich von den Parallelen ziehenden Intellektuellen, Politikern wie auch Laien in solch einer ernsthaften Debatte einzubringen erwarten sollte.

Stattdessen werden plumpe Narrative und Phrasen bemüht, welche daran zweifeln lassen, inwieweit die entsprechenden Personen im Geschichtsunterricht tatsächlich anwesend waren. Letztlich sollte man ihnen möglicherweise einen erneuten Besuch in einem der Gedenkstätten dieses Landes anraten, um ihnen vor Augen zu führen, wie schmerzhaft ihr Revisionismus für diejenigen sein muss, die noch tatsächliche Zeitzeugen sind.

Der Journalismus hat es nicht anders verdient!

Ich gebe als Journalist unverhohlen zu: Mein Berufsstand hat im Augenblick - völlig begründet - erhebliches Misstrauen verdient. Denn es gibt nicht wenige Kolleginnen und Kollegen, die insbesondere im öffentlich-rechtlichen Rundfunk die einst als Ethos angesehenen Publizistischen Grundsätze derart beugen und brechen, dass sich jedes Rückgrat biegt.

Schlussendlich steckt dahinter nicht selten eine persönliche politische Überzeugung, aber oftmals auch die bloße Intention, es dem eigenen Chef - nicht selten ebenfalls von Wokeness indoktriniert - in der Hoffnung auf Ruhm, Ehre und Beförderung möglichst recht zu machen. Und im Dunstkreis einer immer häufiger ideologisch polarisierten und klientelhaft gruppierten Konsumentenschaft der Homogenität Beifall und Rampenlicht zu generieren. Ich habe es in der Ausbildung noch gelernt, dass mein Auftrag die Berichterstattung und die Kommentierung ist. Beides ist bestmöglich voneinander abzugrenzen.

Bei erstgenanntem geht es vornehmlich um die Information, aber gerade nicht um missionarische Aufklärung, besserwisserische Bevormundung oder den erhobenen Zeigefinger. Und bei der Bewertung von Geschehnissen, Entwicklungen und Prozessen, auch da gelten eigentlich Regeln, die bisher stets verbindlich waren: Selbst Meinung kann man sachlich vortragen, vor allem argumentativ untermauert, ohne erkennbare, lobhudelnde Parteipräferenz. Vollständigkeit gilt sowohl in der objektiven wie in der subjektiven Medienarbeit, ebenso Transparenz und Authentizität.

Dazu passt kein zweierlei Maß oder eine Doppelmoral aus dem Ansinnen heraus, für die eigenen Standpunkte zu kämpfen. Denn der oftmals als vierte Gewalt bezeichnete Journalismus ist eben gerade Austragungsort von politischen Wettkämpfen. Er ist Beobachter und Beurteiler. Nicht weniger, aber eben auch nicht mehr. Presseschaffende sind zwar der größtmöglichen Sorgfalt mit Blick auf Wissen und Gewissen verpflichtet. Absolute Wahrheiten sollten aber auch sie nicht kennen. Und schon gar nicht den Leser oder Zuschauer belehren oder beeinflussen. Bewusstseinsbildung bedeutet, Sichtweisen und Perspektiven anzubieten, alle notwendigen Hintergründe zu liefern und schlussendlich zu ermutigen, in demokratischem Verständnis der Fairness und einer gerechten Debattenkultur jedem Bürger die Eigenverantwortlichkeit zuzugestehen, aus all diesen Grundlagen eine souveräne, eigene Auffassung und Position zu formen. Und das bedeutet eben gerade nicht, sich der Zeitgeistigkeit wie ein Fähnchen im Wind anzubiedern. Deshalb bin ich froh, dass ich nicht mehr im aktiven Dienst bin und daher auch nicht auf einen Arbeitgeber schielen muss, dem ich genehme Resultate abzuliefern habe.

In solch einem Abhängigkeitsverhältnis könnte ich heute meine Aufgaben nicht mehr erfüllen - wenn ich denn am nächsten Morgen noch problemlos in den Spiegel schauen wollte. Deshalb freue ich mich über meine Freiheit, unter anderem hier auf Twitter schreiben zu dürfen, wie ich es auch damals schon mit dem Ziel getan habe, Dienstleister zu sein - und nicht Erzieher.

Nicht nur in der Landwirtschaftspolitik sind wir mittlerweile mit dem Narrativ des Guten und Bösen konfrontiert. Bewährtes und Konventionelles gilt als rückschrittig und schädlich, während das Innovative und Moderne für Fortschritt und Integrität steht. Dabei sind es doch oftmals die über Jahrhunderte gesammelten Erfahrungen, Traditionen und das Wissen um Zyklen, Gepflogenheiten und Funktionalitäten, welche uns nicht nur Stabilität und Verlässlichkeit im Hinblick auf Ertrag bringen, sondern auch eine Agrarkultur garantieren, die authentisch und gleichsam erprobt ist.

Das zwanghafte Niederreißen von diesen Gewohnheiten ist ein typisches Wesensmerkmal des aktuellen Zeitgeistes, welcher im Hass auf das Konservative auf Teufel komm raus um eine übereilte, reflexartige und nicht selten wenig sinnreiche Transformation bemüht ist. Weder biologisch, noch ökonomisch ergibt sich aus diesem Vorgehen aber eine plausible Nachvollziehbarkeit.

Stattdessen gehen wir denen auf den Leim, die uns in der Überzeugung wiegen wollen, dass eine Abkehr von Geübtem auch eine moralische Verpflichtung sei. Es braucht aber nicht einmal einen Blick auf die Wüsten aus Solarpanelen in diesem Land, auf die Windräder in den Wäldern und die LNG-Leitungen im Wattenmeer, um zu begreifen, dass das Erneuerbare nicht unbedingt das Gelbe vom Ei ist, sondern viel eher ein Trojanisches Pferd, eine grün angemalte Verschandelung der Landschaft, ein kaschiertes Eingreifen in die Artenvielfalt und ein doppelmoralischer Trugschluss gegenüber Flora, Fauna und Habitat.

Jedwedes Verfahren der Bewirtschaftung hat zwei Seiten der Medaille. Da genügt es eben nicht, vermeintliche Vorteile herauszustellen, welche sich bei einem genaueren Blick auch als eine Lüge gegenüber uns selbst entpuppen. Immerhin fragt man sich durchaus, welchen gesundheitlichen Mehrwert es haben soll, wenn wir uns künftig vornehmlich mit künstlichen Eiweißprodukten ernähren, weil die Überregulierung unserer Bauern und die Suggestion eines negativen Fußabdrucks ihrer Kühe durch deren Methanausstoß dazu genötigt haben, die Viehhaltung gänzlich einzustellen. In einer sich schöngeredeten Welt der Sterilität und Unangetastetheit mag es sich zwar gutmenschlich wohlig und warm anfühlen. Doch nicht einmal dem biblischen Zugeständnis gegenüber uns Menschen, uns die Erde untertan zu machen, werden wir mit einer derartigen Philosophie der Kasteiung und des Verzichts gerecht. Wir sollen die Natur zwar hegen und pflegen, aber es scheint nicht angedacht gewesen zu sein, die Ressourcen bis zur Apokalypse im Boden zu belassen.

Natürlich braucht es einen umsichtigen und verhältnismäßigen Umgang mit all dem, was uns zur Verfügung steht. Und nichts Anderes gilt für die Arbeiter auf dem Feld. Aber wir sind Heuchler, wenn wir ihnen mit Vorurteilen generalisierend und pauschal unterstellen, dass sie mit Ihrem Gebot der Rentabilität gegen ethische Namen und Werte verstoßen würden. Denn kann es tatsächlich vernünftiger und rationaler sein, wenn wir auf allen Einsatz von chemischen Düngern verzichten, im Gegenzug langsam aber sicher unter Lebensmittelknappheit

leiden, weil man mit den biologischen
Alternativen allein nicht gegen die
Widrigkeiten der Evolution ankommt? Und
sind brachliegende Äcker tatsächlich
erstrebenswerter als eine umsichtig und
verantwortungsvolle Nutzung von Flächen
unter Berücksichtigung von Prinzipien der
Fruchtfolge?

Wollen wir nicht nur einer ganzen
Berufsgruppe immer neue Fallstricke bauen
und Erschwernisse auferlegen, weil wir es
uns mit einem ach so korrekten und
selbstbeweihräuchernden Gewissen in einer
Utopie der falsch verstandenen
Unberührtheit allen Seins und des Schutzes
aller Strukturen gemütlich machen können?

Und uns damit erleichterter fühlen als in der
eigentlich so unkomplizierten Anerkennung
der Tatsache, dass schon allein in der
wachen und unverblendeten
Vergegenwärtigung der Unpraktikabilität
und des wiederkehrenden Kollaps von
gelenkten und gesteuerten Lebenswelten
neue sozialistisch anmutende Vorhaben
nicht nur Gift für die Pflänzchen auf unseren
Weiden wären?

Vielmehr wären sie auch ein Genickbruch für ein funktionierendes und selbstregulierendes Gleichgewicht der unterschiedlichen Kräfte und Interessen des Ökosystems. Nur um des Ansinnens von Ideologisten willen einen brachialen Wandel zu erzwingen und uns als Spezies abzunötigen, nicht mehr dem Urinstinkt des Jägers und Sammlers nachzugehen, sondern uns lieber zum Seitanweizen-Züchter und Tofubohnenquark-Rührer fortzuentwickeln, dürfte weder dem Geist einer sozialisierten Zivilisation entsprechen, noch den irrwitzigen und naiven Glauben an die Möglichkeit der Wiederherstellung eines unbefleckten Garten Edens in irgendeiner Art und Weise relativieren.

Dass wir in einer sexualisierten Gesellschaft des 21. Jahrhunderts mit Sitten, Normen und Werten nicht mehr allzu viel anfangen können, liegt unter anderem auch an den Auswirkungen des Hofierens von Feminismus und Queerness in einer zeitgeistigen Umgebung aus rebellischem Antiautoritarismus gegen gemeinschaftliche Konventionen und in einer überstrapazierten Selbstbestimmung.

Der Freiheitsbegriff wurde insofern pervertiert, als dass dem Einzelnen jedwede Entfaltungsmöglichkeit zugestanden wird - denn andernfalls droht das Totschlagargument der Diskriminierung. Dass wir uns nicht mehr an Grenzen des ethisch Hinnehmbaren halten, zeigt sich an vielerlei Stellen in unserem Miteinander: Da denken wir nicht groß darüber nach, was aus einem One-Night-Stand resultieren kann. Im Zweifel kann man das Ergebnis ja "wegmachen". Zellklumpen sind kein Leben - Hauptsache, Mann und Frau haben Spaß gehabt, Triebe ausgelebt und sind allein ihren egozentrischen Ansprüchen gerecht geworden. Oder bei der Suche nach der eigenen Identität: Gab es einst noch Schattierungen innerhalb der natürlichen Binarität, bewegen wir uns heute in der Orientierung zwischen Kopfsalat und Meerschweinchen.

Und während man heute Kontaktscham gegenüber der AfD empfindet, geniert man sich gleichermaßen nicht, auf unter dem Deckmantel der Liebe und Weltoffenheit fingierten Paraden und "Demonstrationen" seine besten Stücke zu präsentieren. Auf einer Welle von einem Spät-68er-Flair reitend, machen die Gutmenschen auch nicht mehr davor Halt, unsere Kleinsten frühstmöglich mit einer völlig unerträglichen Aufklärung und Eigenfindung zu konfrontieren.

Sie haben noch nicht einmal die Schule erreicht, da sollen sie schon bei sich und Anderen "erkunden", ob sie lieber asexuell, trans oder divers leben möchten - und die Erfahrung machen, dass Befriedigung bereits im Alter von vier oder fünf zu Stressabbau und Leidenschaftlichkeit verhelfen kann. Wir kehren zurück zu einer sogenannten "Früherziehung", die letztendlich nichts Anderes ist als ein seelischer Missbrauch unserer Kinder, die zum Werkzeug gemacht werden, um eigene Fantasien und Begierden zu verwirklichen.

Zu Instrumenten der Dissonanz, zu entmenschlichten Wesen der bloßen Rolle, Äußerlichkeit und Lust. In Masturbationsräumen soll ihnen jegliche Intimität genommen werden. Praktiken, Vorstellungen und Haltungen gegenüber dem Urinstinkt der Fortpflanzung werden mitten in einer Phase angeregt, in der üblicherweise das soziale Interagieren durch Sprechen, Kommunizieren und Positionieren in der Umgebung von Gleichaltrigen gefördert werden sollte.

Man vergeht sich an der noch hilflosen Integrität des Nachwuchses, spürt Macht und Überlegen beim Gedanken, diesen indoktrinieren und nach den eigenen Abnormitäten formen zu können. Insgeheim geht es um das Demonstrieren und Legitimieren päderastischer Einflussnahme,

Unterdrückung und Beziehung. Durch eine zweckentfremdende Verkehrung der Psychoanalyse als Rechtfertigungsgrundlage ist man gewillt, die Jüngsten zum erotischen Empfinden und Wahrnehmen noch völlig ungereifter, desorientierter und nach Bewahrung und Schutz rufender Gefühle zu ermutigen.

Letztendlich bestärkt man sie zu einer lebenslangen Irrfahrt auf dem Gewässer der Geschlechterlosigkeit, nimmt ihnen damit die Chance auf Heimat und Bekenntnis - und degradiert sie zu einem Objekt des Experiments, Paraphilie bereits mit dem Schnuller einzugeben. Dieses erbärmliche Gebaren der praktizierten Hegemonie von Erwachsenen mit geschrumpften Genitalen und Hirnen, die in der Doktrin der "Entwicklungsförderung" ihre Komplexe kompensieren wollen, braucht Einhalt derjenigen, die unsere Sprösslinge gegen die Laszivität der gewissenlosen Feiglinge verteidigen wollen. Die Ideologie des Genderismus hat also insbesondere auch dazu geführt, dass wir den Befindlichkeiten eines Einzelnen oder einer Gruppe in einem falsch verstandenen Freiheitsverständnis

unter der ständigen Androhung der
Moralkeule der Diskriminierung und
Ungleichbehandlung mittlerweile größeres
Gewicht schenken als dem Anspruch einer
gesamten Gesellschaft auf Teilhabe und
Inklusion. Was zunächst wie ein
Widerspruch klingen mag, macht sich an der
Sprachverirrung deutlich, die die sogenannte
Geschlechtersensibilität mit sich gebracht
hat:

Ganz unabhängig davon, dass über
Jahrhunderte hinweg das generische
Maskulinum im Deutschen völlig
selbstverständlich anerkannt und von
niemandem infrage gestellt wurde - bis dann
irgendwann ein aufgeklärter Feminismus
kam, der sich in dieser Regelung nicht mehr
genügend berücksichtigt sah -, verramscht
die Anwendung von Sonder- und Satzzeichen
wie Sternchen, Doppelpunkten oder
Unterstrichen innerhalb eines geschriebenen
oder gesprochenen Wortes nicht nur das
Schriftbild, sondern erschwert Rede- und
Lesefluss ungemein. Durch ständige
Unterbrechungen werden Texte sogar für
die kaum noch nachvollziehbar, die sich mit
dem Verständnis von anspruchsvolleren

Inhalten ansonsten nicht abmühen müssten. Doch was ist dann erst mit denen, die mit unseren bürokratischen und amtlichen Formulierungen oftmals ohnehin nicht zurechtkommen - und nun auch noch die Leistung erbringen sollen, künstlich herbeigeführte Zäsuren in der Abfolge von Buchstaben kognitiv verarbeiten zu müssen?

Hier geht es also um eine Ausgrenzung einer nicht unerheblichen Zahl an Bürgern, die einen objektiven Anspruch auf Mitnahme haben. Und da müssen die Selbstwertkomplexe von denjenigen hintanstehen, die sich offenbar auch von sexusindifferenten Vokabeln nicht mehr angesprochen fühlen - sondern dem Reiz des *in, :außen oder _ende kaum zu widerstehen wissen.

Eigentlich hätte man bereits vor der Bundestagswahl 2021 erkennen müssen: Für das Amt des Kanzlers ist Olaf Scholz nicht gemacht. Denn wodurch ist er in seiner vorherigen Funktion als Finanzminister unter Angela Merkel im Bewusstsein geblieben? Richtig: durch nichts. Seine Lethargie setzt sich seither unvermindert fort. Er ist wohl der Politiker in der Geschichte mit den größten Luftblasen, die nacheinander zerplatzen. Große Ankündigungen von Doppel-Wumms bis Zeitenwende - außer Spesen nichts gewesen.

Wer Führung bestellt, bekommt Chaos. Nicht nur seine gespielte chronische Vergesslichkeit macht ihn zu einer überaus unzuverlässigen Person, von Vertrauenswürdigkeit kann keine Rede sein. Denn bis auf ein paar Nischenthemen wie Selbstbestimmung, Abstammungsrecht oder Cannabis-Legalisierung - die den einfachen Bürger in diesem Land im Alltag jedoch kaum tangieren - hat sein Kabinett bisher nichts angefasst, was am Ende zu einem etwas sinnvolleren Ergebnis geführt hätte.

Viel eher beweist sich nahezu täglich die fachliche Inkompetenz, die Dreistigkeit und die Böswilligkeit, mit der gegen das Volk agiert wird. Scholz liefert sich mit Habeck ein Duell um die blühendsten Utopien und Visionen der Zukunft. Während sich der eine in seinen Träumen von der Wirklichkeit verfolgt fühlt, schwebt dem anderen eine Gesellschaft des Unterhakens vor, die es mit seinen Entscheidungen aber bestimmt nicht geben wird. Denn die zwanghaft verordnete Veränderung für unser Land ist nicht nur dazu geeignet, über Jahrzehnte mühsam aufgebauten bürgerlichen Wohlstand und wirtschaftliche Prosperität innerhalb kurzer Zeit niederzureißen.

Stattdessen ist eine von weit über norddeutsche Kühle hinausgehender Empathielosigkeit und Weggewandtheit von den Menschen gezeichnete Persönlichkeit wie die von Scholz nicht nur in der Lage, bei allerlei Krisen und Kriegen in der Welt Fischbrötchen mampfend größtmögliche Interessenlosigkeit und fehlende Sensitivität zu zeigen. Völlig inadäquate Verhaltensweisen wie aktuell im Hochwassergebiet lassen erahnen, dass

zwischen einer offensichtlichen Herzlosigkeit
einerseits und der Ermutigung zum
Zusammenhalt eine unvereinbare Dissonanz
liegt, die sich auch nicht mehr wird auflösen
lassen. Denn wer sich durch Warburg-
Skandale und Cum-Ex-Affären ungeniert
hindurchschweigt, dem sind auch
Kollateralschäden an der Demokratie
weitgehend egal. Entsprechend paaren sich
in Scholz nicht nur Fachfremde,
Suggestionsfertigkeit und Eiseskälte. Sein
Psychogramm lässt auch eine gewisse
Skrupellosigkeit in Sachen Durchsetzung
eigener Interessen erahnen, die bei seinen
Koalitionspartnern natürlich auf fruchtbaren
Boden fällt. Denn selbstideologische
Absichten teilen sie alle.

Und was die deutsche Regierung nicht
schafft, hat die französische nun vollzogen.
Ohnehin unterscheidet sich das Nachbarland
in vielen Dingen positiv von unserer Kultur
der Zurückhaltung. Denn in Paris würde sich
niemand darüber wundern, wenn Bauern
Straßen blockieren, breitflächige Streiks das
Leben lahmlegen oder die Bürgerseele
kocht. Es käme auch niemand auf die Idee,
reflexartig all diejenigen als rechtsextrem zu

verunglimpfen, die sich gegen die Politik der
amtierenden Koalition auflehnen würden.
Stattdessen haben Legislative und Exekutive
dort Respekt und Demut vor der
Bevölkerung - aber auch eine sehr viel
höhere Sensitivität für die Stimmung im
Land, die unserer Ampel auch deshalb fehlt,
weil die Angepasstheit des Deutschen Amts-
und Funktionsträger bisher dazu verleitet
hat, nach der Stimmabgabe für die nächsten
vier Jahre von Narrenfreiheit auszugehen.

Denn der Souverän hierzulande muckt nur
selten auf. Viel eher lässt er mit sich
machen, was man sich im Regierungsviertel
für ihn ausdenkt. Da kann es noch so
einschneidend, sozial unverträglich oder die
Wirtschaft ruinierend sein - wer im
repräsentativen System das Instrument der
Demonstration und Versammlung über
lange Zeit hinweg nicht nutzt, weil
Wohlstand, Bequemlichkeit und
Untertänigkeit ihn davon abhalten, der
gewährt den Verantwortlichen zu viele
Vorschusslorbeeren und naive Zuversicht in
deren Integrität. Bisher ist man damit
einigermaßen gut gefahren, denn es waren
Politiker an der Macht, die noch einen

Gewissen hatten. Sie haben irgendwann die Botschaft der Demoskopie verstanden und ihre Scheuklappen nicht immer weiter vergrößert - um die Wirklichkeit am Ende gänzlich ausblenden zu können. Auch die Väter unserer Verfassung haben nicht damit gerechnet, dass es einmal eine solche Dreistigkeit geben könnte, die Philosophie des Volksvertreters bis zum Maximum auszureizen.

Und so mangelt es an einer Notbremse. Denn bislang ist man auf die Einsicht der Ignoranten angewiesen, die sich in der Vertrauensfrage der eigenen Schuld bewusstwerden und die Konsequenzen ziehen. Eine andere Möglichkeit der niederschwelligen Abwahl einer von der übergroßen Mehrheit nicht mehr gewollten Parteienkonstellation fehlt in unserem Grundgesetz.

Dieses Manko fällt uns nun auf die Füße - wir werden die Geister nicht mehr los, die manche von uns in Gutgläubigkeit und der tatsächlichen Absicht auf Fortschritt aus der Flasche gelassen hatten. Daher bleibt im Augenblick die bloße Hoffnung auf einen

lichten Scholz'schen Frankreich-Moment -
und ein solidarisches Bekenntnis mit denen,
die im Gegensatz zu den Klimaklebern keine
Minderheitendiktatur anstreben, sondern
lediglich einfordern, dass "die da oben"
wieder das tun, was sie in ihrem Eid
geschworen haben.

In Zeiten einer apokalyptisch anmutenden und durch rhetorische Eskalierung angeheizten Debatte über die sogenannte „Klimakrise" melden sich in angenehmer Unaufgeregtheit und ohne den Anspruch an Belehrung und Bevormundung immer wieder Kenner zum Thema Energiewende zu Wort, auf dessen mit großer Plausibilität und Kontinuität gestrickter Argumentation bezüglich einer Zukunft der Kernkraft nicht nur manch ein Politiker hören sollte.

Insbesondere die sich immer wieder als fortschrittlich bezeichnende Umweltschutzbewegung, die in verschiedenen Schattierungen von einer gemäßigten Klientel bis hin zum Extremen der Letzten Generation auftritt, müsste den Ausführungen der Kühlen-Kopf-Bewahren-Vertreter eigentlich mit gespitzten Ohren lauschen und vor der Prägnanz der Entlarvung erstarren.

 Immerhin zeichnen sie ein Bild der Transformation, das nahezu alle Dimensionen der Nachhaltigkeit bedient.

Dass wir uns gerade in Deutschland in einer reaktionären Entscheidung von der Atomenergie losgesagt haben und dafür nach außen hin die hanebüchene Begründung eines Tsunamis in einer fernen Weltregion heranzogen, scheint nicht nur mit Blick auf das Dilemma, in welches die Bundesrepublik nicht zuletzt durch den Ukraine-Krieg hineingerutscht ist, ein völliger Fehlgriff und eine falsche Folgeneinschätzung der Verantwortlichen gewesen zu sein. Dabei waren es zum damaligen Zeitpunkt nicht einmal die Grünen, die vorrangig für den letztendlichen Entschluss zuständig waren.

Dennoch sind sie diejenigen, die es über Jahrzehnte nicht geschafft haben, sich von einem Trauma zu lösen. Vorbehalte und Panik vor einer vermeintlichen Unsicherheit von Kernreaktoren hegt die Partei seit Anbeginn ihrer Existenz. Eine nahezu reflexartige Phobie der Ablehnung ist über die Dekaden hinweg geblieben – und zeigt sich dabei derart zementiert und festgefahren, dass ihre Anhänger nicht einmal in der Lage scheinen, ihre möglicherweise einst sogar begründeten

Vorurteile einer Überprüfung durch die gegenwärtigen Entwicklungen – beginnend beim Fortschreiben von technologischer Präzision über die neuen Möglichkeiten des Schutzes vulnerabler AKW, Konzepte zu einer perspektivischen Lösung der Endlagersuche, Ambitionen für ein Recycling von Brennstäben bis hin zur Aussicht auf die großen Chancen der Kernfusion – zu unterziehen.

Dass wir uns gerade in einem sicheren Mitteleuropa gegen den Weiterbetrieb von Anlagen ausgesprochen haben, kann letztlich nur mit einem ideologischen und fanatischen Antiautoritarismus erklärt werden, welcher in den vormaligen Jahrzehnten gerade in linken Kreisen ein anerkanntes Merkmal der Rebellion war – welches dort für Ansehen und Karriere gesorgt hat, wo man das Bewährte ja ganz prinzipiell ablehnte. Die psychologischen Ursachen einer nahezu allergischen Reaktion auf die Atomkraft arbeiteten zuletzt immer wieder Autoren heraus und konfrontierten uns alle mit Urängsten vor der vermeintlichen Unbeherrschbarkeit des scheinbar Unbekannten, die gerade mit dem selbstbewussten Transhumanismus des 21. Jahrhunderts kaum mehr etwas gemein haben – und eher duckmäuserisch wirken. Immerhin wissen wir mittlerweile sehr genau um die überzeugenden Vorteile der zivilen Nutzung der Kernenergie.

Insbesondere die markante Überlegenheit bezüglich von Emissionen, aber auch die Unabhängigkeit von Wetter und Natur, unterstreichen nochmals, mit welch einfachen Mitteln sich unsere Zivilisation auch künftig in größtmöglicher Unbekümmertheit hinsichtlich der Energieversorgung bewegen könnte – würde man denn die völlig überalterten Scheuklappen ablegen und zum Eingeständnis kommen, dass im Jahr 2023 das nepotistisch animierte Verbreiten von Falschinformationen über die Kosten und die Gefahren von Atomkraft nur noch ein Feigenblatt zum Verdecken der Wirklichkeit ist.

Denn setzt man die harten Fakten in Kontrast zueinander, so ergibt sich gerade für die Regenerativen Energien nahezu in allen Aspekten ein Desaster. Weder in

Sachen Effizienz, noch in der Praktikabilität, in Wirtschaftlichkeit, Sozialverträglichkeit oder der breitflächigen Verfügbarkeit sind sie in der Lage, der Nuklearkraft das Wasser zu reichen. Stattdessen fordern sie Unsummen an Investitionen ein, stehen mit Blick auf den ökologischen Output in keinem Verhältnis.

Stattdessen stellen sie ein lobbyistisches Wolkenkuckucksheim dar, das vorrangig dazu dient, das eigene Gewissen zu entlasten – obwohl man sich gleichzeitig doch der Doppelmoral bewusst ist, welche mit dem Pushen der sogenannten "Erneuerbaren" eigentlich obsessiv einhergehen muss.

Ob es nun die Wärmepumpe, das E-Auto oder das Windrad ist: Sie sind weder "klimaneutral", noch in der Herstellung oder Entsorgung in irgendeiner Weise als umweltfreundlich zu bezeichnen. Wer sie zur Selbstbeweihräucherung wie eine Monstranz vor sich herträgt, scheint sich in einen Elfenbeinturm der Zeitgeistigkeit zurückgezogen zu haben, aus dem heraus der wirtschaftliche Untergang, der Verlust von Wohlstand und das Ansehen unseres Landes auf internationalem Parkett mitverfolgt werden kann. Denn kaum eine andere Nation auf diesem Globus ist derart strikt in eine Sackgasse eingebogen wie die Bundesrepublik - und hat sich damit zu einem mit der Brechstange krampfhaft verordneten Umbruch verpflichtet. Mittlerweile wird den Bürgern dieser Geisterfahrerkurs zunehmend offenbar. Nicht nur, dass immer mehr Zweifel daran aufkommen, inwieweit es überhaupt eine ausschließlich anthropogene Verantwortung für die Klimaveränderungen gibt, die uns immer wieder als vermeintlicher Wissenschaftskonsens vermittelt wird.

Auch werden die Grenzen greengewashten Energieformen unübersehbar: Wir kommen mit dem Bauen von Stromtrassen nicht hinterher, können keinen Spiegel an Energiesicherheit aufbauen. Gleichzeitig steigen die Preise für die Kilowattstunde teilweise ins Unermessliche, Menschen sorgen sich um den Wert ihrer für neue Wärmetechniken aufzurüstenden und zu sanierenden Häuser. Der Wegwendung von Vernunft und Pragmatik sollten wir uns mit einem Appel für Ehrlichkeit in der Debatte gegenüberstellen. Mit einem sachlichen Stil und in allen Belangen bestens recherchierten und mit konkreten Daten untermauerten Aussagen und einer leidenschaftlichen, aber nicht missionierenden Sprache kann es uns gelingen, in der von Einseitigkeit bestimmten Atmosphäre aus Richtig und Falsch einen schattierten Kontrapunkt zu setzen, welcher an sich durchaus das Prädikat eines Ausweges aus unserer irrlichternden Orientierungslosigkeit in Sachen Energiequellen von Morgen anlegen kann. Solch ein Weckruf wäre das nötige Aufwachsignal im Schlafwagen des idealistischen Ökologismus.

Der phlegmatische Deutsche bekommt kalte Füße...

Immer öfter scheinen sich auch die ansonsten sehr pragmatischen und der allgemeinen Aufgeregtheit mancher Klimaapokalyptiker unbeeindruckt gegenüberstehenden Deutschen massive Sorge über die Zukunft zu machen. Allerdings nicht wegen einer Erderhitzung und möglichen Kipppunkten, sondern aufgrund der ruinösen Auswirkungen einer Transformation mit der Brechstange, die international ihresgleichen sucht. Dass die Ampel-Regierung den Menschen in Deutschland deutlich zu viel zumutet und sie über Gebühr strapaziert, merken die Bürger nicht nur am Jahresanfang, wenn weitere Steuern und Abgaben steigen.

Viel eher sind es auch die Auswirkungen der künstlich angeheizten Geldentwertung durch steigende Strompreise für Bevölkerung und Industrie, die dadurch unnötig gepushten Erzeugerkosten infolge einer unüberdachten Energiewende, aber ebenso immense Zusatzausgaben durch staatlich aufoktroyierte Regulierung - beispielsweise in Form von Vorschriften zu Heizungen oder Automobilen. Mittlerweile wurde ein Teuerungsniveau erreicht, das mit einer üblichen Kostendruckinflation nicht mehr erklärt werden kann. Der Verweis auf gestörte Lieferketten und endliche Ressourcen allein genügt bei weitem nicht mehr, um die Dimension der mittlerweile in weite Teile des Mittelstands hineinreichenden Verarmung des Bürgertums zu erklären.

Deshalb kann es niemanden erstaunen, dass sich Furcht ausbreitet - vor dem Wegschmelzen der Altersvorsorge, dem mühsam erwirtschafteten Wohlstand und manch hart erarbeiteter Existenzen, wie derzeit bei den Bauern. Scholz und sein Kabinett haben die Republik in eine beispiellose Verunsicherung und Pessimismus vor dem Morgen getrieben. Bilder vom Unterhaken oder dem Zusammenhalt sind ebenso wie die Versprechen, dass niemand allein gelassen werde, nichts als Schall und Rauch. Die Verbitterung und die Entrüstung über die an vielen Stellen schamlos betriebene Enteignung von Menschen sind nunmehr soweit angewachsen, dass die Proteste der Landwirte lediglich eine von zahlreichen Kanalisierungen des immer breiter werdenden Stimmungsbildes des Unmuts darstellen, welcher sich in der Volksseele anstaut.

Das Regierungsviertel kann eigentlich nur froh darüber sein, dass eine Berufsgruppe nun die Flucht nach vorne antritt und damit den Deckel des Dampfdrucktopfs ein Stück weit anhebt. So besteht zumindest die Chance, dass er sich nicht in einer ruckartigen Überraschung entlädt, sondern maßvoll nach und nach in weiteren Demonstrationen und eindeutigen Abstimmungsergebnissen bei den zahlreichen Richtungsentscheidungen in diesem Jahr den Zorn abbaut.

Eine Verschiebung der Machtverhältnisse ist keine Frage des "Ob" mehr, sondern nur noch des "Wann". Die Verantwortlichen haben durch die momentan auf den Straßen gezeigten Warnschilder die Möglichkeit, sich darauf vorzubereiten. Sie können beim Blick auf die Balken am Wahlabend dann nicht mehr von unerwarteten Ereignissen sprechen, sondern hatten lange genug Zeit, sich auf eine längere Phase der Abstinenz einzustellen. Offenbar haben aber noch nicht alle Journalisten in dieser Nation die Beweggründe eruieren können, welche tatsächlich zu den momentanen Protesten führen. Dass es manchen Bauern in diesem Land nicht an Wohlstand mangeln mag, dürfte wie in jeder anderen Berufsgruppe kein Geheimnis sein.

Aber es stellt mit Sicherheit eine Ausnahme dar, dass ein Landwirt in einem Übermaß an Einkommen und Vermögen schwelgt. Letztendlich sollte man sich die Tatsache bewusst machen, dass kaum eine andere Branche derart von einem Strukturwandel betroffen ist wie der Agrarbereich.

Massive Umbrüche in den letzten Jahren und Jahrzehnten kosten Unsummen an Investitionen. Die von der Politik massiv vorangetriebene und aufoktroyierte Transformation hin in Richtung mehr "Bio" und "Öko" verlangt nicht nur eine erhebliche Anpassungsbereitschaft ab, um sich brechstangenartig von den über Jahrhunderte bewährten konventionellen

Methoden zu verabschieden. Sondern sie bedarf eines massiven monetären Einsatzes. Ganze Betriebe umzustellen, das gelingt nicht aus der Portokasse heraus.

Diejenigen, die den Wandel bereits geschafft haben, können sich glücklich schätzen - dürften aber eher in der Minderheit sein.

Dass die Abschaffung der Subventionen für den Diesel besonders hart trifft, hängt auch mit dem Umstand zusammen, dass eine Alternative in diesem Bereich bislang kaum erschwinglich ist. Zwar hat es auf dem Markt einen Durchbruch von emissionsfreien und auf fossile Energien verzichtenden Traktoren - beispielsweise mit hybriden Antrieben - gegeben.

Doch auch sie sind wiederum zumindest im Augenblick noch ein derart teures Unterfangen, dass man es gerade dem kleinen Selbstständigen vor Ort kaum zumuten kann. Und was soll ihm letztlich bleiben, wenn der Treibstoff unerschwinglich ist? Den Tank mit veganem Apfelsaft befüllen?

Außerdem wird auch die Rolle des oftmals noch mit vielen hämischen, abwertenden und diffamierenden Kommentierungen versehene Beruf des Bauern erheblich unterschätzt. Auch wenn wir in unseren Breiten immer mehr Agrarprodukte aus dem Ausland importieren, so können und dürfen wir schon allein aus Nachhaltigkeitsgründen nicht auf die Landwirtschaft im eigenen Land verzichten. Diese Tatsache scheint auch vielen Grünen-Politikern nicht wirklich bewusst, die in diesen Tagen schamlos mit ihren verbalen Entgleisungen auf die Protestierenden eindreschen.

Und letztlich geht es bei den Demonstrationen der Landwirte auch um die einfache Gegebenheit, dass sich hinter jedem von ihnen ein ganz normaler Bürger verbirgt, der zusätzlich mit all den Widersinnigkeiten und Zumutungen der momentanen Ampel konfrontiert ist.

Wer ihnen also Vorhaltungen macht, kritisiert das gesamte Volk für die Inanspruchnahme demokratischer Rechte. Denn sie gehen stellvertretend für eine laut Umfragen überwältigende, sie unterstützende Mehrheit aus der breiten Bevölkerung auf die Straße. Da geht es nicht nur um einen Streik einer Sparte, sondern um das Artikulieren und Kanalisieren der Stimmung in der gesamten Republik.

Es wäre naiv gewesen, wenn der Westen dauerhaft geglaubt hätte, dass sich die restliche Erdengemeinschaft seine Übermacht bieten lassen würde. Ich habe viel Verständnis für diejenigen Länder, die in einer durch die USA angeführten Ordnung eine Bedrohung für das Gefüge unserem Globus sehen. Denn gerade Amerika hat in den vergangenen Jahrzehnten immer wieder deutlich gemacht, dass es dazu bereit ist, moralisierende und eingreifende Weltpolizei zu spielen - und zu versuchen, in fremden Ländern und Kulturen Werte und Staatsformen aufzuoktroyieren, die aus der Sicht der hiesigen Hemisphäre erstrebenswert sind, deshalb aber nicht für alle Nationen von Interesse oder Passgenauigkeit sein müssen.

Die Überheblichkeit der Besserwisserei und der Anspruch, aufgrund der Geschichte oder ökonomischen wie bevölkerungsbedingten Größe automatisch eine Führungseigenschaft zu übernehmen - und damit im Sinne aller Länder zu sprechen, haben den gesamten Mitgliedern der G7 den

Vorwurf der Bevormundung und Entmündigung souveräner Staaten eingebracht. Auch wenn es die Wunschvorstellung aus Washington sein mag, dass es auf einem Planeten gemeinsame Spielregeln geben muss, welche ein parteiischer Schiedsrichter im Weißen Haus auch durch die Anwendung von Gewalt und Einmischung in die inneren Angelegenheiten anderer aufzuzwingen bereit ist, verändert sich die Realität glücklicherweise. Gerade wirtschaftlich wollen immer mehr Länder mitreden, welche für die Entwicklung von Lösungsansätzen aufkommender Herausforderungen und zur Bewältigung all unserer Zukunftsaufgaben eine entscheidende Rolle spielen.

 Teilhabe am Wohlstand und einen Ausgleich für die arrogante westliche Ausbeutung von Ressourcen zu formulieren, sind berechtigte Ansinnen des Südens und Ostens. Unter dem Rückhalt von China und Russland haben diese Erwartungen zusätzliches Gewicht. Deshalb sollten Staatschefs von Nordamerika bis zur EU langsam von ihrem hohen Ross heruntersteigen und sich um den Dialog bemühen - der nicht zuletzt auch in aktuellen Kriegen sträflich vernachlässigt wurde. Ob man Fanatismus mit Gewalt auslöschen kann, das wage ich zu bezweifeln. Man kann vielleicht versuchen, ihn durch eine Stärkung von liberalen Gegengewichten auszutrocknen. Eskalationsspiralen haben in der Vergangenheit nur selten zu einer Lösung von Kriegen geführt. Wenn man zurückblickt, beginnt der Konflikt in Nahost ehrlicherweise spätestens mit David gegen Goliath - oder dem nahezu gleichzeitigen Anlanden der Philister und Israeliten im Heiligen Land.

Sicherlich ist es möglich, Infrastrukturen zu zerstören, die es ermöglichen, hasserfüllten Terror in die Tat umzusetzen. Die Gesinnung lässt sich dadurch aber nicht negieren. Auch wenn derzeit kaum noch jemand von einer Zwei-Staaten-Lösung spricht, scheint dies die einzige Möglichkeit, auch nur in die Nähe von Frieden zu kommen, der nicht viel weiter als über das Mindestmaß an Akzeptanz der Existenz des jeweils anderen hinausgeht. Ernüchternd: Auch im Alten Testament fehlt realistische Aussöhnung.

Deshalb kann das Ziel nur darin liegen, jedwede Provokation dadurch zu vermeiden, dass gleichwohl in die DNA vieler indoktrinierter Palästinenser und mancher Ultraorthodoxen eingegriffen werden müsste. Allerdings würde dies nur gelingen, wenn führende gemäßigte Kräfte ans Ruder kommen, die den extremistischen Absolutheitsanspruch der beteiligten Religionen und den damit einhergehenden Expansionsdrang brechen können - damit der Mehrwert des Lebens statt des Tötens ins Bewusstsein der noch erreichbaren Menschen gebracht wird.

Dafür braucht es einen Prozess der Säkularisierung und Sozialisation, der beispielsweise beim Christentum bereits weitgehend gelungen ist - und auch im Judentum über weite Strecken funktioniert hat. Der Islam hat bis dahin noch einen weiten Weg vor sich. Denn dort ist die Stimme der Minderheit weiterhin viel zu leise für jedwede Reform und Distanzierung von der Buchstabentreue eigener Schriften. Hoffnung habe ich im Augenblick nicht allzu viel, aber ohne Wunder wäre der Glaube nichts...

Immer mehr Menschen scheinen auch deshalb ein Problem mit dem Glauben an einen Gott zu haben, weil sich der Mensch durch Aufklärung und Evolution zu einem egozentrischen, selbstgerechten und sich überschätzenden Erdenbewohner aufgeschwungen hat, der sich in einer transhumanistischen Überzeugung und unter der Hinzuziehung der naturwissenschaftlichen Fortschritte der jüngeren Vergangenheit tatsächlich die Entschlüsselung der Schöpfung und ihrer Mechanismen zutraut.

Am Beispiel vom Klimawandel wird deutlich, dass wir uns anmaßen, das komplexe und multifaktorielle Geschehen der Planetenatmosphäre in Formeln, Modelle und Simulationen pressen zu können. Unabhängig davon, dass man an diesem Vorhaben prinzipiell fachliche und handwerkliche Kritik üben und ernsthafte Zweifel am Ergebnis vorbringen muss, entkräftet es zumindest auch nicht die Idee, dass zunächst jemand - oder etwas - dieses

ausgeklügelte Universum erdacht und
erschaffen haben muss, welches wir nun in
mühseliger Kleinarbeit zu verstehen
versuchen. Doch es gibt noch einen weiteren
Grund für einen grassierenden Atheismus
und radikalen Humanismus: Schlussendlich
leben wir in der permanenten Konfrontation
mit der Angst, dass unser menschlicher
Verstand eben doch nicht so weit reicht, wie
wir uns das erhoffen und erträumen
würden.

 In einer vor Freiheit nur so strotzenden
Gesellschaft konnte sich jeder von uns zu
einem kleinen Imperialisten, König und
Herrscher über das eigene Leben entfalten.
Schließlich wurden uns in unserem
begrenzten Horizont lange Zeit keine
Grenzen mehr gesetzt. Selbstbestimmung ist
das Zauberwort, die sich nicht mit der
Vorstellung verträgt, dass es außerhalb der
Wahrnehmungsfähigkeit unserer Spezies
eine für unser Gehirn nicht mehr zu
begreifende Weite gibt. Ausgehend von
unserem System dieser Erde, können wir es
nur von hier aus betrachten. Damit bleibt die
Vernunft beschränkt auf eine Innensicht -
die heute maximal dafür ausreicht, einen

Ausflug bis auf einige benachbarte Himmelskörper zu unternehmen. Dass mit dem Ende unserer persönlichen Existenz, aber auch mit der Annahme an einen irgendwann eintretenden Weltuntergang nicht das letzte Wort gesprochen ist, scheint durchaus eine bedrückende Unsicherheit zu bleiben. Und etwas nicht zu wissen, damit tun wir uns als eine Zivilisation, die nach der Absolutheit strebt, stets besonders schwer.

Den Gedanken der Unvergänglichkeit zuzulassen und sich nicht in einem Karussell der Fragen zu verstricken, was nach unserem individuellen Ende, aber auch dem von Raum und Zeit, noch passieren und kommen könnte, das ist eine ebenso große Herausforderung wie das das Eingeständnis eines erfolglosen Erfassens des Äons, also des Vor und Nach dem Urknall.

Eine Größe zu ertragen, die wir mit unseren Ressourcen nicht kanalisieren können, kränkt uns in unserer menschlichen Eitelkeit oftmals derartig, dass wir in einer krampfhaften Trotzigkeit die Überzeugung an Höheres und Spirituelles ablehnen.

Vielleicht kann es daher für manchen von uns auch ein Vorsatz für jeden neuen Tag sein, sich vielleicht ein Stück weit dankbarer und demütiger auf das einzulassen, was das eigene Bewusstsein übersteigt. In einer Welt der vielen Selbstverständlichkeiten, in der wir vieles fraglos und als gegeben hinnehmen - beginnend bei unserem eigenen Leben -, verkommt einiges zu einer Normalität, was eigentlich einer Würdigung bedürfte. Die zunehmend von Egozentrismus geprägte Gesellschaft, in der man sich um des eigenen Nutzens willen mit Ellenbogen nach vorne kämpft, hat einerseits einen demütigen Blick auf das eigene Ich verloren. Gleichzeitig aber versäumt sie auch, Geschenke der Zwischenmenschlichkeit oder der Schöpfung mit Ehrfurcht, Respekt und Wertschätzung entgegenzunehmen.

Unbekümmertheit scheint heute eine Tugend. Wer uns einen Finger zur Hilfe hinhält, dessen ganze Hand nehmen wir - ohne Fragen. Viele Gespräche basieren nur noch auf Phrasen und Binsenweisheiten. Das Eintauchen in einen tiefergehenden Austausch mit Anderen und uns selbst scheint unmöglich geworden zu sein, weil es uns in einer Realität von noch immer relativ viel Wohlstand ausreicht, an der Oberfläche mitzuschwimmen. Und in dieser Homogenität des Einheitsbreis ist es nun einmal en vogue, in einer gewissen Unverfrorenheit und Kühnheit den eigenen Profit und Willen über die Sinnhaftigkeit des eigenen Daseins zu stellen. Dabei lässt sich der Wert unserer Existenz meistens erst dann wirklich begreifen, wenn wir in den Tiefen und Tälern angekommen sind. Solange unser Alltag funktioniert und wir mit Allgemeinplätzen durchkommen, läuft das Hamsterrad weiter.

Dass wir in diesem Kreislauf sehr viel Zeit verschwenden, welche eigentlich doch dafür genutzt werden könnte, um wieder Genussfähigkeit zu erlernen und die kleinen Dinge zu entdecken, die uns in unserer Abstumpfung zur Trivialität gar nicht mehr auffallen, bedenken wir kaum. Schlussendlich weiß ich aus meiner eigenen Erfahrung, dass das Ankommen im Keller unseres Lebensentwurfes meistens derjenige Moment ist, der uns wieder erdet. Wenn uns Dinge genommen werden und wir uns wieder mit dem Elementaren begnügen müssen, steigt die Dankbarkeit für das vermeintlich so Banale. Der Verlust von gewissen Freiheiten, Bequemlichkeiten oder Gewöhnlichkeiten und das Durchstehen von Leiden, Drangsal und Pein führt uns zurück auf eine Position, in der wir uns nicht mehr mit denen vergleichen, denen es besser geht. Sondern plötzlich schauen wir mit neuer Genügsamkeit und Gelassenheit darauf, was bis dorthin zwanglos, sicher und einfach schien. Ich kann für mich sprechen: Der Wechsel der Perspektive hin zu dem, was ist - und nicht mehr zu dem, was hätte sein können -, kann unheimlich erleichternd und zufriedenstellend sein.

Was weiß Habeck, was wir nicht wissen? Mittlerweile scheint er nicht nur von der Wirklichkeit umzingelt, sondern auch von einer zumindest überdimensionierten Irrationalität verfolgt. Dass in Deutschland Umsturzpläne kursieren, ist spätestens seit dem Auftreten der Letzten Generation auf unseren Straßen mit ihren Forderungen nach minderheitenmächtigen Zufallsparlamenten offenbar geworden.

Die Mahnung aber, dass wir uns ernsthaft vor Zuständen wie zum Ende der Weimarer Republik fürchten müssen, stellt für mich nicht nur eine erneute Relativierung der dunkelsten Stunde unserer Historie dar, sondern ist ein Offenbarungseid des obersten Philosophen im Wirtschaftsministerium, dem scheinbar manch eine Stunde Nachhilfe in Geschichte nicht schaden könnte.

Denn unsere Demokratie ist durch unterschiedliche Mechanismen der Verfassung - die wir ja explizit auf die Erfahrungen mit der Machtergreifung Hitlers

reagierend sehr diffizil und wehrhaft
gestrickt haben -, aber insbesondere auch
durch eine übergroße Mehrheit der sich zu
unserer Staatsform bekennenden
Bevölkerung selbst in diesen Tagen
ausreichend stabil, um Fantasien begegnen
zu können, die in den unterschiedlichen
Köpfen einiger Querdenker oder
Reichsbürger kursieren mögen.

Aber sie ist eben auch standhaft gegenüber
der Pseudoparanoia eines grünen
Vizekanzlers, der zumindest in der Fähigkeit
zur narzisstischen Fremdprojektion seines
eigenen Versagens auf die Gruppe der
Bauern ganz groß zu sein scheint.

Denn seine pauschalen Diffamierungen der
Landwirte und sein offenbares Gefühl, dass
in diesem Land etwas ins Rutschen gerät,
sind Ausdruck eines bewussten
Abwehrmechanismus von Schuldgefühlen,
die er angesichts seiner eigenen politischen
Leistung in den vergangenen zwei Jahren
eigentlich haben müsste - bislang aber
erfolgreich in seine Rolle des Getriebenen zu
flüchten vermag.

Betroffene einer Paranoia bemerken in der Regel die Widersinnigkeit ihrer Parallelwelt nicht. Und so dürfte es auch bei den Grünen schwierig sein, dass sie ihre gelebte Doppelmoral erkennen. Gleichzeitig ist es ihnen aber auch nicht gänzlich genommen, strategisch, böswillig und arglistig vorzugehen. Denn man könnte hinter dem Gedankenkonstrukt, die Klientel der den Wohlstand Erschaffenden in diesem Land als neue Zielgruppe anzusprechen, auch einen Teil des Plans von Habeck, Lang und Nouripour erahnen. Denn tatsächlich wird es viele dieser Bürger brauchen, die das mit der ökosozialistischen Abrissbirne zerstörte Deutschland wieder aufbauen.

Etwas niederreißen, um danach aus den Ruinen aufzuerstehen - dieses Konzept scheint in der Menschheit ein Stück weit angelegt zu sein. Denn nichts Anderes ist der Sinn von Krieg: Zuerst werden Landstriche dem Erdboden gleichgemacht, damit sie anschließend neu errichtet werden können. Dahinter stecken gigantische Ambitionen zur Ankurbelung der Wirtschaft. Es sind allein ökonomische und lobbyistische Interessen, die hinter dem Kalkül stecken, wenn

nunmehr die ideologischen Bagger der
Ampel die über Jahrzehnte mühsam zu
neuem Gedeihen und Prosperität geführte
Republik sukzessive an die Wand fahren.

Die Anbiederung an die bisher von der FDP
erschlossenen Wähler der ausschließlich
profitorientierten Leistungsgesellschaft
durch die Strategen der grünen
Parteizentrale mag ein netter Versuch sein,
sich gegenseitig noch ein Stück mehr das
Wasser abzugraben. Dass sich die einst im
Strickpullover daherkommenden
Atomkraftfeinde mittlerweile zu einem
Sprachrohr der finanziell einigermaßen
Bessergestellten und selbsternannten
wissenschaftlichen Eliten weiterentwickelt
haben - und deshalb vor allem in den
Universitätsstädten noch immer einen
großen Rückhalt genießen, ist keine
wirkliche Neuigkeit.

Das Ansinnen, nun wieder mehr in die
bürgerliche Mitte zurückzukehren, bleibt
allerdings derart durchschaubar, dass
zumindest diejenigen noch immer in der
Wirklichkeit Lebenden nicht darauf
hereinfallen dürften, die sich einem

ehrlichen Wandel unseres Miteinanders verpflichtet fühlen. Einer Zukunft, die auf Innovation statt Verboten fußt, auf Fortschritt statt "Rebuilding", auf Ergebnisoffenheit statt auf Lenkung, auf Individualität statt Vergemeinschaftung, auf Freiheit statt auf Diktat, auf Demokratie statt auf Idiokratie, auf Vernunft statt auf Utopie. All das wird man mit jenen Demagogen nicht bekommen, welche sich nicht dafür zu schade sind, eine Nation mit Moral zu erpressen. Deshalb vertraue ich auf die Anständigen unter den Auserkorenen, sich von der Ansprache durch Grüne nicht in Versuchung führen zu lassen.

Nachwort

Schön, dass Sie es bis hierher geschafft und
sich durch meine vielen Gedanken,
Überlegungen und Meinungen
hindurchgekämpft haben!

Nochmals eine herzliche Einladung zur
Debatte über all das Aufgeschriebene,
entweder per Mail oder auch auf meinem

Twitter (X)-Account
@riehle_dennis

mit meist tagesaktuellen Posts.

Mehr über mich finden Sie auch auf
www.dennis-riehle.

Und aktuelle Beiträge von mir zusätzlich auf
www.riehle-news.de!

Bibliografische Information der Deutschen Nationalbibliothek: Die Deutsche Nationalbibliothek verzeichnet diese Publikation in der Deutschen Nationalbibliografie; detaillierte bibliografische Daten sind im Internet über dnb.dnb.de abrufbar.

Herstellung und Verlag:
BoD – Books on Demand, Norderstedt

ISBN: 978-3-7583-0448-4